Marc De Coster • Annemie Pollaris

Viszerale Osteopathie

Die Autoren:

Marc De Coster,

geb. 1952. Manualtherapeut und Osteopath, Niedergelassen als Krankengymnast in Melle/Belgien seit 1976. Ausbildung in Manueller Therapie, u. a. bei Prof. Lewit, Trebon, Freddy Kaltenborn, Hamm, und Olaf Evjenth, Oslo. Seit 1978 in der Aus- und Fortbildung der Deutschen Gesellschaft für Manuelle Therapie tätig, u. a. als Lehrer des Ausbildungsganges Viszerale Therapie. 1988 Ausbildung zum Osteopathen. Interessenschwerpunkte: Viszerale Therapie und ihre Beziehungen zur Wirbelsäule.

Annemie Pollaris,

geb. 1965. Manualtherpeutin und Osteopathin. Seit 1987 als Krankengymnastin in der Praxis von M. De Coster, Melle/Belgien, tätig. Ausbildung in Manueller Therapie und Osteopathie in Belgien sowie bei Prof. Lewit, Trebon. Seit 1992 als Ausbilderin in Viszeraler Therapie in Deutschland und Belgien tätig. 1996 Ausbildung Pelvische Reedukation, Universität Gent, Prof. Wyndaele.

Marc De Coster • Annemie Pollaris

Viszerale Osteopathie

3., ergänzte Auflage

Hippokrates

Die Deutsche Bibliothek - CIP-Einheitsaufnahme
Ein Titeldatensatz für diese Publikation ist bei
Der Deutschen Bibliothek erhältlich

Anschrift der Verfasser:

Marc De Coster
N.V. Ostara
Gontrode Heirweg 269
B-9090 Melle

Annemie Pollaris
N.V. Ostara
Gontrode Heirweg 269
B-9090 Melle

Deutsche Bearbeitung der 1. Auflage:

Dr. med. Heribert Frisch
Am Bendmannsfeld 9
47447 Moers

1. Auflage 1995
2. Auflage 1997
3. Auflage 2001

Wichtiger Hinweis: Wie jede Wissenschaft ist die Medizin ständigen Entwicklungen unterworfen. Forschung und klinische Erfahrung erweitern unsere Erkenntnisse, insbesondere was Behandlung und Therapie anbelangt. Soweit in diesem Werk eine Applikation erwähnt wird, darf der Leser zwar darauf vertrauen, dass Autoren, Herausgeber und Verlag große Sorgfalt darauf verwandt haben, daß diese Angaben dem Wissensstand bei Fertigstellung des Werkes entspricht.

Für Angaben über Applikationsformen kann vom Verlag jedoch keine Gewähr übernommen werden. Jede Applikation erfolgt auf eigene Gefahr des Benutzers. Autoren und Verlag appellieren an jeden Benutzer, ihm etwa auffallende Ungenauigkeiten dem Verlag mitzuteilen.

Geschützte Warennamen (Warenzeichen) werden nicht besonders kenntlich gemacht. Aus dem Fehlen eines solchen Hinweises kann also nicht geschlossen werden, dass es sich um einen freien Warennamen handele.

ISBN 3-7773-1448-X

Unsere homepage: www.hippokrates.de

Printed in Germany 2001
Satz: Hofacker Digitale Druckvorbereitung GmbH, Dürrwiesen 3, 73614 Schorndorf
Druck: Gulde-Druck GmbH, Tübingen,

Inhaltsverzeichnis

III Dickdarm 73

IV Zwölffingerdarm und Dünndarm 104

V Gallenblase und Leber 124

VI Magen 143

VII Weibliche Geschlechtsorgane 160

Vorwort zur 3. Auflage

Angebot und Nachfrage in der Osteopathie-Ausbildung haben im europäischen Raum deutlich zugenommen. Das gilt auch für die Viszerale Therapie. Wir werten das als ein positives Signal: Viele Ärzte und Physiotherapeuten suchen nach Verbesserung und Ergänzung der vertrauten therapeutischen Möglichkeiten. In diesem Bestreben kann die Viszerale Therapie eine Hilfe sein. In der Neuauflage möchten wir dem Leser das Lernen erleichtern und die Zusammenhänge, die er sich merken muss, auf einfache Art vor Augen führen. Wir haben pro Organ ein Schema erarbeitet, das auf schnelle und möglichst einfache Art über Wechselwirkungen informiert; diese Wechselwirkungen führen zum Ursprung einer Dysfunktion.

Melle, März 2000

Marc De Coster
Annemie Pollaris

Vorwort zur 1. Auflage

Das Ziel des Buches ist es, die verschiedenen osteopathischen Behandlungstechniken der inneren Organe darzustellen.
Das Buch soll als Nachschlagewerk sowohl für den interessierten Physiotherapeuten oder Arzt, der die Osteopathie erlernen will, als auch für den ausgebildeten Osteopathen dienen.
Unser Wunsch ist es, durch diese Publikation die Viszerale Therapie weiter zu verbreiten, und dass die Techniken als Ergänzung zur Manuellen Therapie angewendet werden.
Die Behandlungstechniken werden an den einzelnen Organen systematisch dargestellt. Dabei werden sowohl die anamnestischen, vertebro-viszeralen und topographischen als auch die neurologischen Grundlagen beschrieben.
Durch unsere Erfahrungen mit der Viszeralen Osteopathie hat sich für uns ein Leitsatz ergeben:

> „Je mehr man sucht,
> je mehr man entdeckt,
> um so größer wird die Welt".

Für die sorgfältige Durchsicht des ersten Manuskriptes sind wir Frau Karin Sternberg zu besonderem Dank verpflichtet. Ferner sagen wir Herrn Dr. Herbert Frisch unseren Dank für die Bearbeitung der deutschen Ausgabe.
Für die technische Unterstützung danken wir Herrn Luc De Wilde.
Dank gilt auch dem Hippokrates Verlag für die gute Zusammenarbeit und die sorgfältige Ausstattung des Buches.

Melle, Januar 1995

Marc De Coster
Annemie Pollaris

Einführung

Der osteopathischen Behandlung liegt folgende Idee zugrunde:

> „Jede Beweglichkeitsänderung im Bewegungsapparat im Sinne einer Hypo- oder Hypermobilität führt zu einer Funktionsstörung, die wiederum ein Krankheitsbild auslösen kann."

Durch den Bewegungsverlust wird die Durchblutung der betroffenen Gewebe vermindert. Diese Hypämie kann sich bis zur Ischämie steigern.
So können Irritationen, Entzündungen und Infektionen aufgrund einer Minderdurchblutung entstehen.

Für eine optimale Funktion des menschlichen Körpers ist es notwendig, dass sich die vier Hauptsysteme des Körpers im Gleichklang befinden.
Zu diesen Systemen gehören:

- Parietales System: Strukturelle Osteopathie, Funktionsstörungen des Bewegungsapparats
- Viszerales System: Mobilität und Funktion der inneren Organe
- Kraniosakrales System: Bewegungsverbund der Schädelsuturen und der Iliosakralgelenke
- Psyche

Diese Systeme stehen untereinander in einem funktionellen Gleichgewicht.
Die Faszien sichern einen funktionellen Zusammenhang zwischen dem Bewegungsapparat, dem viszeralen System und den verschiedenen Systemen im Körper.
Ist ein System gestört, tritt sofort ein Ungleichgewicht ein, wodurch die anderen Systeme beeinflusst werden.

Beispiele:

- Darmspasmen können infolge psychischer Störungen entstehen. „Der Darm ist das Spiegelbild des Inneren."

- Leberfunktionsstörungen oder Lebererkrankungen können Einfluss auf das rechte Schultergelenk nehmen. Im Gelenk können Schmerzen und Funktionsstörungen auftreten, die sich bis zum Krankheitsbild der „frozen shoulder" steigern können.

- Interskapuläre Schmerzen mit Ausstrahlungen in den linken Arm können in Verbindung mit Durchblutungsstörungen im Herzen auftreten.

- Schluckbeschwerden („Kloß im Hals") können durch Blockierungen im Bereich der Halswirbelsäule verursacht werden.

- Blockierungen in Höhe von Th10 – L2 können für Nierenfunktionsstörungen verantwortlich sein.

Die gegenseitige Einflussnahme und Abhängigkeit verschiedener Funktionskreise voneinander ist seit langem bekannt. Sie wird diagnostisch und auch therapeutisch genutzt.
So sind Haut, Muskulatur, Gelenke und innere Organe durch den Einstrom ihrer jeweiligen Afferenzen in das Hinterhorn des Rückenmarks miteinander verknüpft. Die Manifestation einer nozizeptiv gemeldeten Primärstörung aus einem inneren Organ in Form von Head-Zonen der Haut oder Mackenzie-Zonen in der Muskulatur ermöglichen ebenso wie eine aus gleicher Ursache durch den segmentalen Verbund entstandenen Wirbelblockierung eine Präzisierung des Primärherdes.
Auf der reziproken Einwirkungsmöglichkeit von den peripheren Auswirkungen auf die Primärstörung im inneren Organ beruhen ja eine Reihe therapeutischer Verfahren. Die lokale Behandlung soll dabei nicht nur die oft nach längerem Bestehen verselbständigte Sekundärstörung behandeln, sie zielt auch auf die Besserung oder Beseitigung der Primärstörung ab.
Die Osteopathische Behandlung viszeraler Störungen, die auf einem gleichartigen Verbund der oben genannten vier Hauptsysteme (parietales, viszerales, kraniosakrales System und Psyche) beruht, bedient sich zur diagnostischen Präzisierung des betroffenen inneren Organs daher auch der Aussagen des geschilderten segmentalen Verbundes. Darauf beruht das klinische Untersuchungsschema, das den einzelnen Behandlungsabschnitten jeweils vorangestellt ist.

Untersuchungsschema

A. Anamnese
1. Organbeschwerden oder Organerkrankungen (auch früher durchgemachte) 2. Beschwerden oder Erkrankungen am Bewegungsapparat
B. Palpation
3. Palpationsbefunde an den inneren Organen 4. Ergänzende Perkussionsuntersuchung der Hohlorgane (Magen und Darm) 5. Ergänzende Untersuchung der (zugehörigen) Bindegewebszonen 6. Ergänzende Untersuchung der Muskulatur auf Verspannungen
C. Untersuchung auf Wechselwirkungen mit anderen Funktionskreisen und Strukturen
7. Bewegungsapparat (zugehörige Segmente und/oder periphere Gelenke) 8. Nervensystem (Beteiligung von Sympathikus, Parasympathikus und Segmenten) 9. Topographische Beziehungen zur Umgebung
D. Röntgen- und Laboruntersuchungen
Als ergänzende Diagnostik, vor allem zum Ausschluß von Kontraindikationen

Indikationen für die viszerale Therapie
- **Verklebungen viszeraler Gewebe** als Folge von Infektionen oder operativen Eingriffen - **Ptosen** als Folge von Bänderstörungen im Sinne der Hypermobilität - **Viszerale Spasmen** als Folge nervöser Irritationen verschiedenster Herkunft
Jeder der drei Elemente kann zu einer viszeralen Fixation führen. Dadurch kann eine Veränderung der Beweglichkeit eines Organes entstehen und sekundär eine Funktionsstörung des Organs.

Kontraindikationen
- Entzündungen, fieberhafte Erkrankungen - Akute Infektionskrankheiten - Akute entzündliche Organerkrankungen, z.B. Gastritis, Hepatitis - Tumoren - Thrombosen - Spontane Hämatombildungen - Nieren- und Gallensteine - Implantierte Fremdkörper (z.B. Spirale, Herzschrittmacher) - Tuberkulose
Relative Kontraindikationen
- Kardiovaskuläre Störungen, z.B. Tachykardie, Hypertonie - Asthenie - Obstruktionen - Menstruation - Hernien

Ziel der Viszeralen Therapie
Die Viszerale Therapie gibt die Möglichkeit, die Bewegungsstörungen am erkrankten Organ wieder zu normalisieren. Dies versucht man durch Lösen der Verklebungen, Wiederherstellung der faszialen Elastizität und Entspannung der viszeralen Spasmen zu erreichen.
Therapeutische Wirkungen
Wiederherstellung der Mobilität durch Beseitigung von Fixationen und Verklebungen. - Verbesserung der Durchblutung (arteriell und venös) - Förderung der Lymphzirkulation - Verbesserte Funktion im Nervensystem - Normalisierung des Stoffwechsels - Beseitigung von Stenosen und Muskelspasmen - Verbesserung des Hormonhaushaltes - Verhinderung von rezidivierenden Wirbelblockierungen - Positiver Einfluss auf die Psyche

Alle diese Faktoren dienen zur Verbesserung der Organfunktion.

► ***Es ist nicht das Ziel, Organpositionen zu verändern!***

Die Organfunktion und das Gleichgewicht zwischen den verschiedenen Systemen werden durch die Anwendung der osteopathischen Techniken wieder hergestellt.

Aufbau und Frequenz der viszeralen Behandlungen

- In der ersten Sitzung wird die beschriebene Untersuchung durchgeführt. Danach wird der Behandlungsplan aufgestellt.
- In den ersten zwei Wochen werden die Patienten zweimal pro Woche behandelt.
- In den nächsten drei Wochen bekommt der Patient eine Behandlung pro Woche.
- Die Gesamtbehandlung besteht aus 6 bis 7 Sitzungen.
- In einer Behandlungssitzung wird jede Behandlungstechnik 4- bis 6-mal wiederholt.
- Bei einer deutlichen Verbesserung durch die ersten Anwendungen wird weiterbehandelt, und zwar in Intervallen von zwei Wochen bis zu einem Monat.
  Tritt keine Verbesserung ein, dann wird die Behandlung abgebrochen, und man sucht nach einer anderen Therapie.

Erklärung der Symbole und Ausdrücke

Negative Schräglage	Die Behandlungsliege wird so eingestellt, dass der Patient mit dem Schultergürtel tiefer liegt als mit dem Beckengürtel.
Mobilität	bezeichnet die Gleitfähigkeit der Organe gegenüber ihrer unmittelbaren Umgebung.
Normalisieren	bedeutet die Behandlung einer Körperstruktur, bis der physiologische Zustand und/oder die physiologische Funktion erreicht sind.
↑	Pfeile geben die Palpations- oder Behandlungsrichtung an
⇝	Richtungspfeile bei vibrierenden Behandlungen
▲ ▲	Gegendruck oder Fixation eines Körperteils
●	Fixation

I Zervikales Diaphragma, Zwerchfell und Beckenboden

Untersuchung

Anamnese

Zervikales Diaphragma

Hierzu zählen: die zervikalen Faszien, Hals- und Nackenmuskeln und die ligamentären Fixationen der Lunge und des Herzens.

Organbeschwerden

- Vagotone Störungen: Kopfschmerzen, Schluckstörungen, viszerale Beschwerden
- Sympathikotone Störungen: kardiale Störungen, z.B. Tachykardie, Durchblutungsstörungen, Atemstörungen, Sehstörungen (Miosis)
- Vaskuläre Beschwerden: in den oberen Extremitäten und im Schädel
- Störungen der lymphatischen Zirkulation: z.B. Schwellungen in den unteren Extremitäten und im Abdomen
- Pulmonale Beschwerden: durch broncho-pleuro-pulmonale Erkrankungen, z.B. chronische Bronchitis, Verklebungen nach Pleuritis, Pneumothorax
- Verspannung im Halsbereich
- Vertebrobasiläre Störungen: Vertigo, Nausea, Kopfschmerzen, Verlust des Sehvermögens (Centrum ciliospinale *Budge* C8 - Th2)

Beschwerden am Bewegungsapparat

- Schmerzen im zerviko-thorakalen Übergang
- Zervikobrachialgie mit ausstrahlenden Schmerzen in Schulter- und Armgelenke
- Thoracic-outlet-Syndrom
- Rippenblockierung (*Tietze*-Syndrom)
- Fasziale Verspannungen (Fascia colli superficialis, media, profunda)

Untersuchung

Palpation im Sitzen

Diagnostische Palpation der Faszien

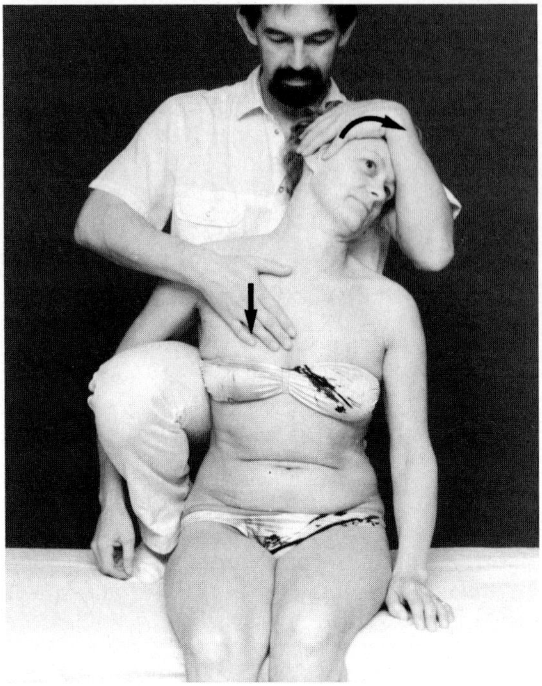

Abb. 1

Ausgangsstellung Patient

Der Patient sitzt an den Therapeuten angelehnt oder befindet sich in Rückenlage.
Rechter Arm in Abduktion von ca. 30° (**Abb. 1**).
Kopf wird in maximal möglicher Gewebespannung gehalten.

Ausgangsstellung Therapeut

Der Therapeut steht hinter dem Patienten.
Das Knie unter der rechten Achsel stützt den Patienten ab und verhindert Ausweichbewegungen.
Die rechte Hand liegt auf dem rechten M. pectoralis. Die linke Hand liegt auf dem Os temporale der gleichen Seite, der Unterarm vor der Stirn des Patienten.

Ausführung

Beide Hände werden in entgegengesetzter Richtung auseinander bewegt.

Aussage

Information über Elastizität der zervikalen Faszien.
Normalbefund: Seitengleiche Spannung und Dehnfähigkeit der Faszien.

Weichteilpalpation

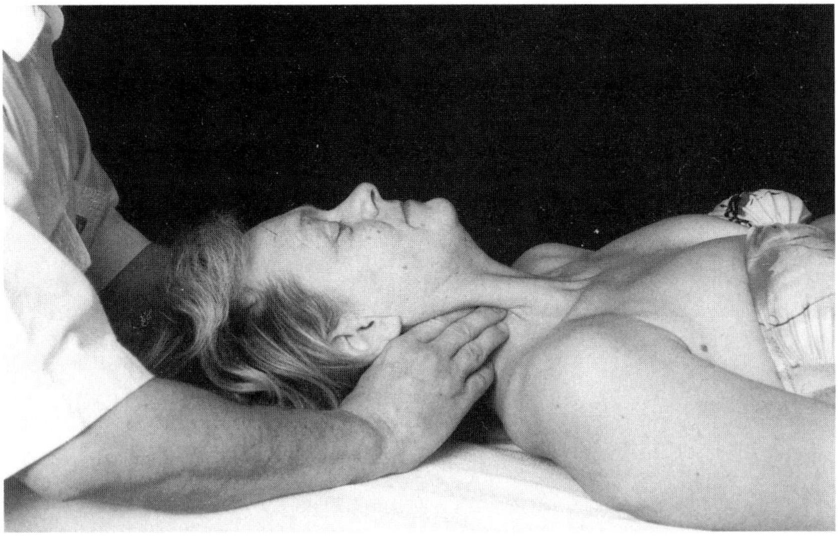

Abb. 2

Ausgangsstellung Patient

Der Patient liegt auf dem Rücken.
Die Beine sind angestellt.
Der Kopf liegt auf einem flachen Kissen.

Ausgangsstellung Therapeut

Der Therapeut sitzt am Kopfende.
Die Fingerspitzen beider Hände liegen auf den Halsweichteilen.

Ausführung

Die Finger palpieren von medial nach lateral den Zustand der Weichteile im Seitenvergleich.

Aussage

Der Tonus der verschiedenen Halsmuskeln beider Seiten wird verglichen und pathologische Strukturveränderungen werden registriert.

Ergänzende Palpation

- Symphysis mentalis
- Mundboden-Muskulatur (M. geniohyoideus, M. mylohyoideus)
- Os hyoideus
- Cartilago thyroidea
- Cartilago cricoidea
- infrahyoidale Muskulatur
- Schilddrüse
- Incisura jugularis
- Angulus sterni
- 2. Rippe
- M. subclavius
- Sternoklavikulargelenk
- M. sternocleidomastoideus
- Punctum nervosum
- Proc. mastoideus
- Proc. transversus C1
- Kiefergelenk
- M. temporalis
- M. frontalis
- Foramen supraorbitalis
- Augen
- Foramen infraorbitalis
- Foramen mentalis
- M. digastricus
- Glandula submandibularis
- M. pterigoideus medialis
- M. masseter
- Glandula parotis
- Arteria carotis
- Vena jugularis
- prävertebrale Muskulatur.

Untersuchung

Wechselwirkungen

Untersuchung auf Wechselwirkungen mit anderen Funktionskreisen und Strukturen

Bewegungsapparat

- Halswirbelsäule
- Zerviko-thorakaler Übergang
- Kostotransversalgelenke der 1. und 2. Rippe
- Sternoklavikulargelenk
- Akromioklavikulargelenk

Nervensystem

Sympathikus	C1 - 4 C5 - 6 C7 - Th2 C7 - Th2	Ggl. cervicale superius Ggl. cervicale medius Ggl. cervicale inferius (= Ggl. stellatum) Zentrum von Budge (Sehvermögen)
Parasympathikus	Co - 1 - 2	X. Hirnnerv (N. vagus)
N. phrenicus	C4	
Plexus cervicalis	C1 - 4(5)	

Diese Nerven haben ihr Innervationsgebiet in Höhe des zervikalen Diaphragma und versorgen sowohl die Muskulatur wie auch die Faszien, Gelenke, Gefäße und Halsorgane (z.B. Schilddrüse, Kehlkopf).

Topographische Beziehungen

- Skeletal Schultergürtel
  Kopfgelenke
  Zervikale Wirbelsäule
  Thorakale Wirbelsäule

Eine ungestörte Beweglichkeit ist für die normale Funktion des zervikalen Diaphragmas erforderlich.

- Viszeral Herz
  Lunge
  Schilddrüse
  Larynx
  Pharynx

Durch fasziale Verbindungen stehen die genannten Organe in Verbindung untereinander, wodurch Funktionsstörungen von einem Organ andere Organe beeinflussen können.

Röntgen

Zum Ausschluss von Kontraindikationen für die Osteopathische Behandlung.

Labor

Zum Ausschluss von Infektionen.

Halsfaszien

Behandlung

in Rückenlage

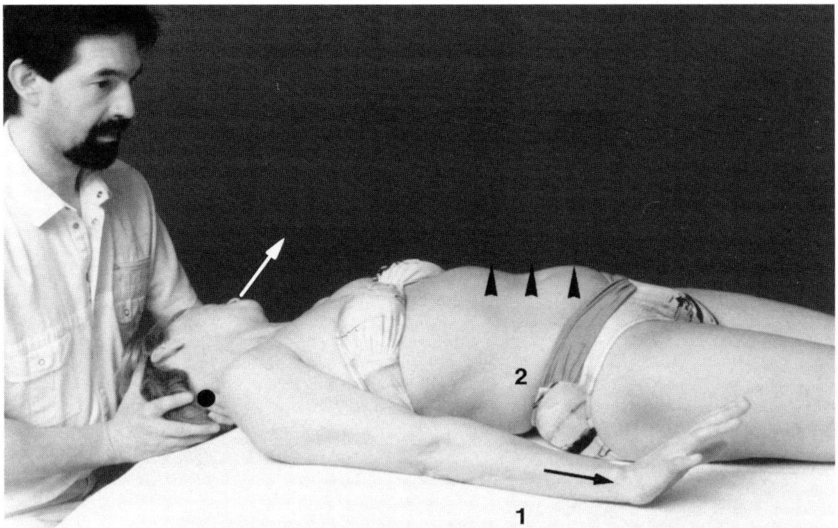

Abb. 3

Indikation

Verklebungen und Elastizitätsverlust der Halsfaszien.
Pulmonale und bronchiale Erkrankungen, z.B. Asthma.
Durchblutungsstörungen in den oberen Extremitäten.

Ausgangsstellung Patient

Der Patient ist in Rückenlage, die Beine in Streckstellung.
Der Hals ist zur nicht behandelten Seite geneigt und rotiert.
Der Arm der zu behandelnden Seite ist nach kaudal ausgestreckt, die Handgelenke stehen in Extension.

Ausgangsstellung Therapeut

Der Therapeut sitzt am Kopfende.
Die Hand auf der Behandlungsseite fixiert den Kopf.

Ausführung

Während der Ausatmungsphase streckt der Patient seinen Arm jeweils nach kaudal aus (1).
Bei der dritten Exspiration streckt der Patient außerdem den Bauch vor (2).

Effekt

Normalisierung der Halsfaszien.

Behandlung

in Rückenlage

Kehlkopfbehandlung

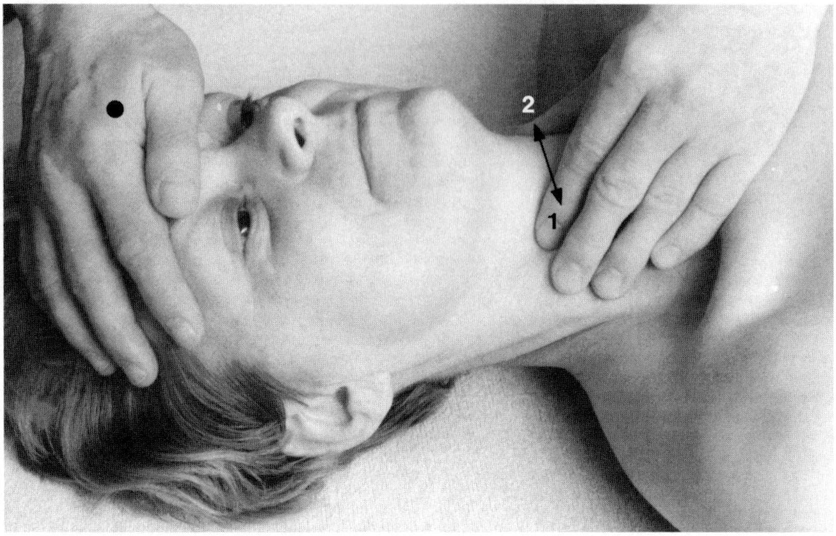

Abb. 4

Indikation

Schluckstörungen, Verspannungen und Verklebungen im Kehlkopfbereich.
Schilddrüsendysfunktion.

Ausgangsstellung Patient

Der Patient befindet sich in Rückenlage.

Ausgangsstellung Therapeut

Der Therapeut steht seitlich vom Patienten.
Daumen und Finger der einen Hand umfassen den Kehlkopf.
Die andere Hand fixiert die Stirn.

Ausführung

Die Hand am Kehlkopf bewegt diesen zur Seite (1).
Diese Stellung wird so lange beibehalten, bis das Gewebe nachgibt.
Danach wird die gleiche Bewegung zur anderen Seite ausgeführt (2).

Effekt

Entspannung und Lösung von Verklebungen im Kehlkopfbereich.
Die Mobilisation des Kehlkopfs wirkt auf die zervikalen Faszien ein.

Kehlkopfbehandlung (Variation)

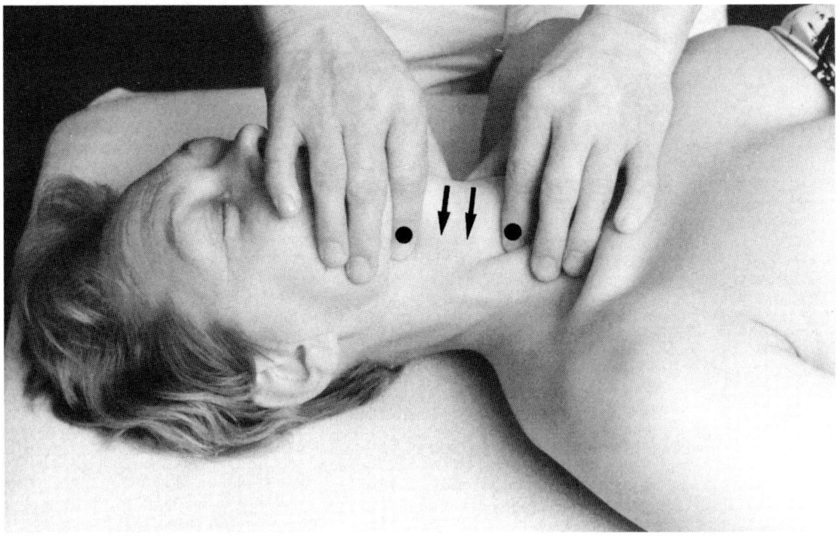

Behandlung

in Rückenlage

Abb. 5

Indikation

Schluckstörungen, Verspannungen und Verklebungen im Kehlkopfbereich.

Ausgangsstellung Patient

Der Patient befindet sich in Rückenlage.

Ausgangsstellung Therapeut

Der Therapeut steht seitlich vom Patienten.
Beide Hände umfassen den Kehlkopf zwischen Daumen und Zeigefinger.

Ausführung

Die Hände werden gegenläufig bewegt.

1. Die Daumen drücken den Schildknorpel sanft zur Seite in Richtung der Zeigefinger. Die Zeigefinger fixieren dabei das Zungenbein und den Ringknorpel (**Abb. 5**).
2. Die Zeigefinger drücken den Schildknorpel in die Gegenrichtung, während die Daumen das Zungenbein und den Ringknorpel fixieren.

Effekt

Entspannung und Lösen von Verklebungen im Kehlkopfbereich.

Behandlung in Rückenlage

Kehlkopfbehandlung

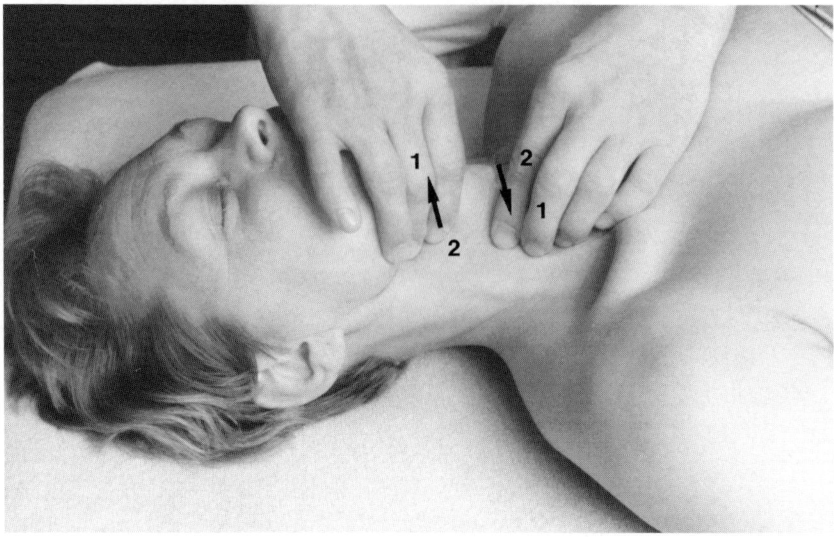

Abb. 6

Indikation

Schluckstörungen, Verspannungen und Verklebungen im Kehlkopfbereich.

Ausgangsstellung Patient

Der Patient befindet sich in Rückenlage.

Ausgangsstellung Therapeut

Der Therapeut steht seitlich vom Patienten.
Daumen und Finger der einen Hand umfassen den Ringknorpel (Cartilago cricoidea).
Daumen und Finger der anderen Hand fassen das Zungenbein (Os hyoideum).

Ausführung

Die Hände werden *gegenläufig* bewegt und die Stellung jeweils beibehalten.

Effekt

Entspannung und Lösen von Verklebungen im Kehlkopfbereich.

Zervikale Lymphdrüsen

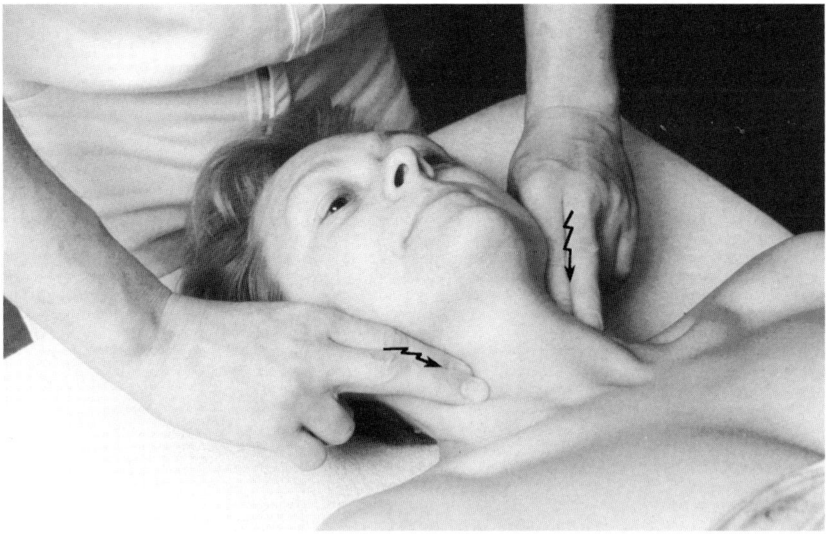

Abb. 7

Behandlung

in Rückenlage

Indikation

Lymphatische Schwellung der Halsregion.

Ausgangsstellung Patient

Der Patient befindet sich in Rückenlage.

Ausgangsstellung Therapeut

Der Therapeut steht am Kopfende des Patienten.
Die Fingerspitzen beider Hände liegen auf den Lymphdrüsen am Vorderrand des M. sternocleidomastoideus.

Ausführung

Die Fingerspitzen üben einen vibrierenden oder vibrierend-zirkulierenden Druck auf die Drüsen aus.

Effekt

Drainage der zervikalen Lymphdrüsen.

Zervikale Faszien (Fascia colli superficialis, media und profunda)

Behandlung

im Sitzen

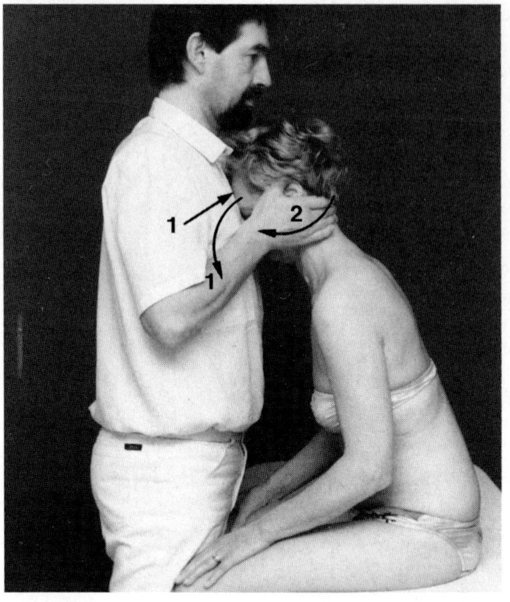

Abb. 8

Indikation

Verklebungen und Elastizitätsverlust der Halsfaszien.
Nicht organisch bedingte Beschwerden in der Herzgegend durch Verspannung in den faszialen Strukturen.

Ausgangsstellung Patient

Der Patient sitzt etwas vorgeneigt auf der Behandlungsliege.
Die Stirn lehnt er gegen das Brustbein des Therapeuten.

Ausgangsstellung Therapeut

Der Therapeut steht vor dem an ihn gelehnten Patienten.
Er stützt dessen Kopf und Kniegelenke mit seinem Körper ab.
Die Fingerspitzen nehmen Kontakt mit den Proc. spinosi der HWS auf.

Ausführung

Während der Einatmung drückt der Patient seinen Kopf gegen das Brustbein des Therapeuten nach unten (1).
Während der Ausatmung entspannt der Patient und der Therapeut drückt den Kopf des Patienten etwas nach dorsal in Retroflexion, während seine Finger die HWS nach vorne und mit leichter Traktion nach kranial ziehen (2).
Das Ganze wird 4- bis 5-mal wiederholt.

Effekt

Normalisierung der Halsfaszien.

Fascia cervicalis anterior (Fascia colli superficialis)

Behandlung

im Sitzen

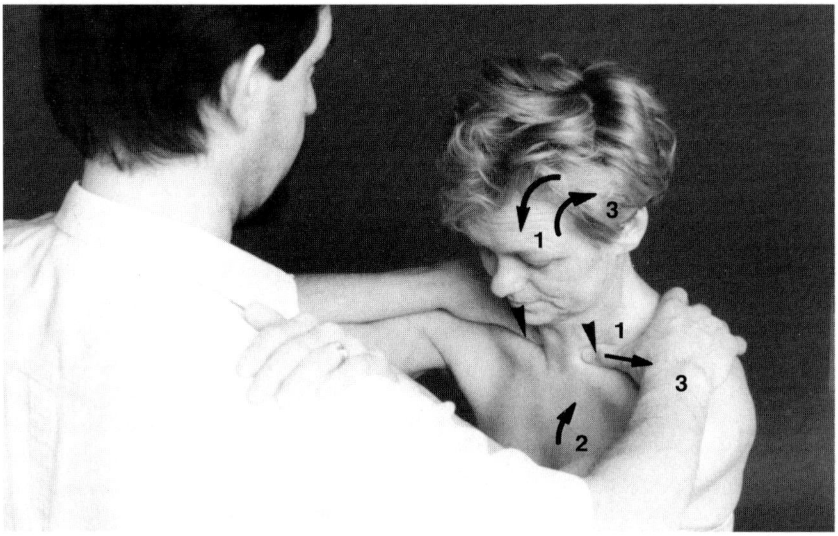

Abb. 9

Indikation

Verklebungen und Elastizitätsverlust der Halsfaszien.

Ausgangsstellung Patient

Der Patient sitzt auf der Behandlungsliege.
Seine Hände liegen auf den Schultern des Therapeuten.

Ausgangsstellung Therapeut

Der Therapeut sitzt oder steht vor dem Patienten.
Seine Daumen liegen lateral von den Ansätzen des M. sternocleidomastoideus an der Clavicula.
Die Daumen sind nach medial gerichtet.

Ausführung

Der Patient beugt den Kopf nach vorn, während der Druck der Daumen nach innen verstärkt wird (1).
Der Patient atmet ruhig ein und aus, während Kopf und Rücken weiter gebeugt werden (1). Dabei nimmt der Druck der Daumen bei jeder Ausatmung weiter zu.
Das wird mehrere Male wiederholt.
Am Ende richtet der Patient während der Einatmung den Rücken wieder auf (2).
Bei der darauf folgenden Einatmung wird der Kopf aufgerichtet und der Daumendruck allmählich vermindert (3).

Effekt

Normalisieren der Halsfaszien.

Dehnung des Lig. suspensorium der Capsula pleurae

(=Ligg. transverso-pleuralis, costopleuralis, vertebropleuralis und Muskelfasern des M. scalenus anterior)

Behandlung

im Sitzen

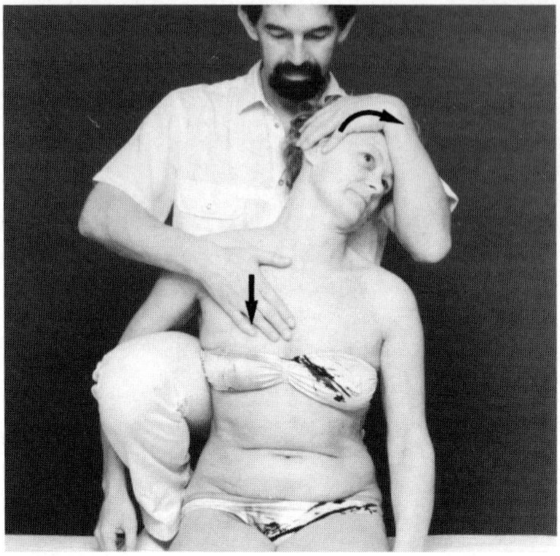

Abb. 10

Indikation

Verklebungen und Elastizitätsverlust der Halsfaszien.
Rezidivierende Blockierung der 1. Rippe.
Durchblutungsstörungen in den oberen Extremitäten.
Zervikobrachialgie.

Ausgangsstellung Patient

Der Patient sitzt auf der Behandlungsliege.
Der Arm der zu behandelnden Seite ist in ca. 30°-Abduktion.
Der Kopf wird in Flexion, Linksrotation, Linksseitneigung eingestellt (abhängig von der Gewebespannung).

Ausgangsstellung Therapeut

Der Therapeut steht hinter dem Patienten, sein Fuß auf der zu behandelnden Seite auf der Behandlungsbank.
Das Knie unter der Achsel stützt den Thorax des Patienten ab.
Die rechte Hand liegt auf dem rechten M. pectoralis des Patienten.
Die linke Hand liegt auf dem rechten Os temporale des Patienten, der Unterarm vor der Stirn.

Ausführung

Während der Einatmung geben beide Hände Widerstand gegen die Atembewegung.
Bei der nachfolgenden Ausatmung drückt die rechte Hand die obersten Rippen nach kaudal und
die linke Hand bringt den Kopf weiter in Richtung der Spannung.

Effekt

Normalisierung der Halsfaszien.
Einfluss auf das Ggl. stellatum, das dem Lig. suspensorium anliegt.

Dehnung der Mm. scaleni

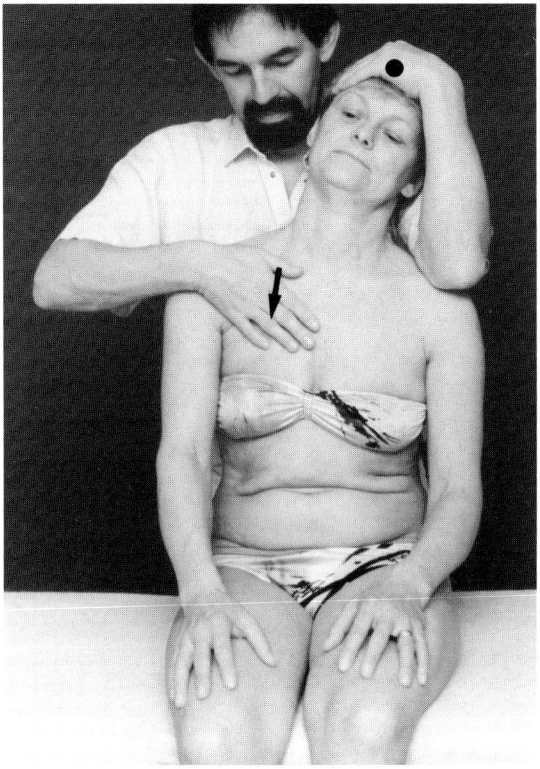

Abb. 11

Behandlung

im Sitzen

Indikation

Verkürzung der Skalenusmuskeln.
Zervikobrachialgie.
Durchblutungsstörungen in den oberen Extremitäten.

Ausgangsstellung Patient

Der Patient sitzt auf der Behandlungsliege, die Hände liegen entspannt auf den Oberschenkeln.

Ausgangsstellung Therapeut

Der Therapeut steht hinter dem Patienten.
Der rechte Daumen liegt über der Clavicula, zwischen dem M. sternocleidomastoideus und M. trapezius, auf den Skalenusmuskeln.
Die linke Hand fixiert den Kopf des Patienten in der noch möglichen Seitneigung zur nicht behandelten Seite.

Ausführung

Während der Ausatmung führt die flächig aufliegende rechte Hand vor allem mit dem Daumen und Daumenballen eine Dehnung der Mm. scaleni nach kaudal aus.

Effekt

Dehnung der Skalenusmuskeln.

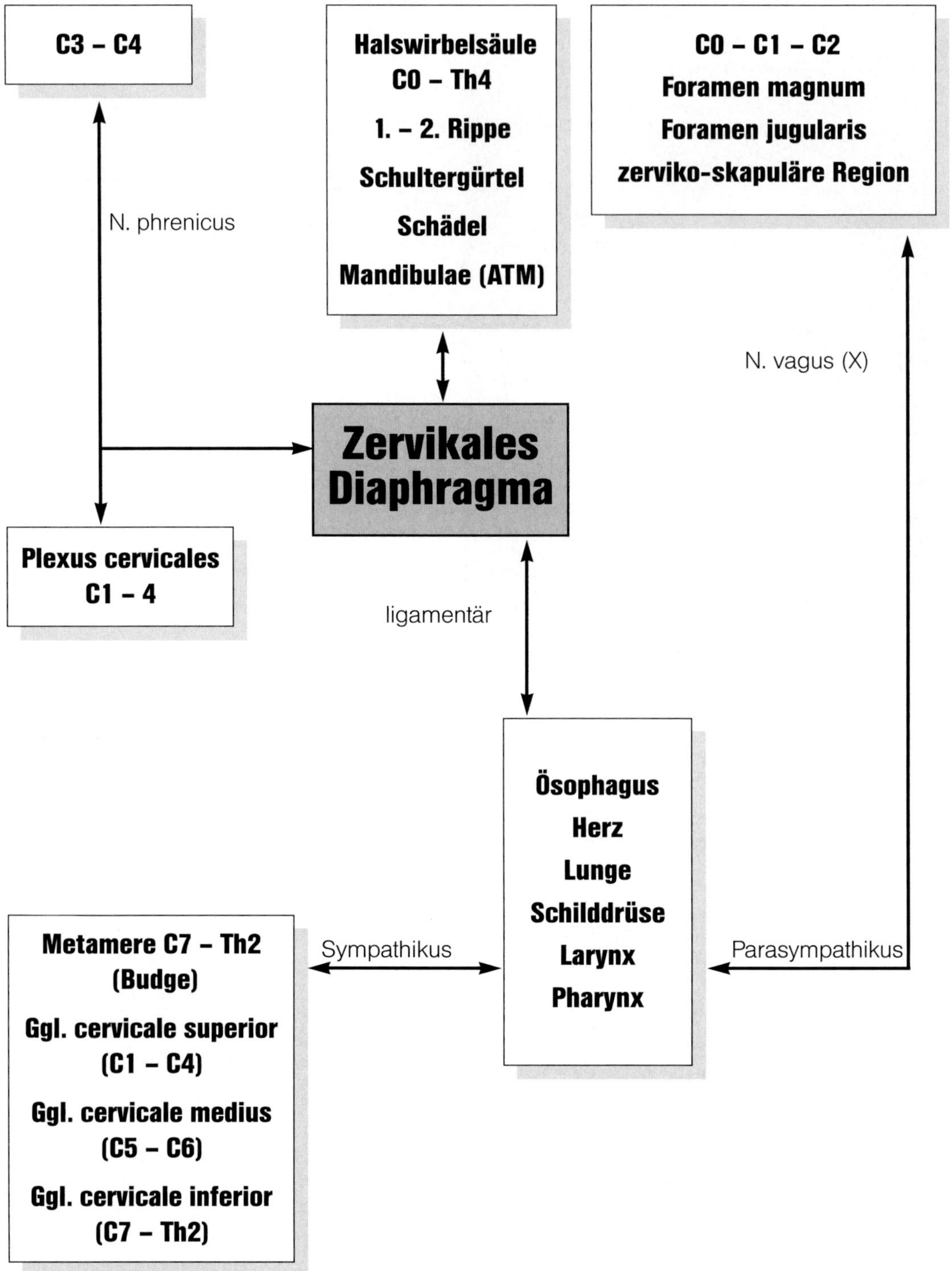
C3 – C4
Halswirbelsäule
C0 – Th4
1. – 2. Rippe
Schultergürtel
Schädel
Mandibulae (ATM)
C0 – C1 – C2
Foramen magnum
Foramen jugularis
zerviko-skapuläre Region
N. phrenicus
N. vagus (X)
Zervikales Diaphragma
Plexus cervicales
C1 – 4
ligamentär
Ösophagus
Herz
Lunge
Schilddrüse
Larynx
Pharynx
Metamere C7 – Th2
(Budge)
Ggl. cervicale superior
(C1 – C4)
Ggl. cervicale medius
(C5 – C6)
Ggl. cervicale inferior
(C7 – Th2)
Sympathikus
Parasympathikus

Thorakales Diaphragma

Organbeschwerden

Atembeschwerden (z. B. bei Bronchitis, Hyperventilation, Sinusitis)

Störungen der peripheren Durchblutung durch Einfluss des Zwerchfells auf

- Vena cava inferior (z. B. Schwellungen der unteren Extremitäten)
- Aorta abdominalis (z. B. Durchblutungsstörungen in den unteren Extremitäten)

Lymphstörungen (z. B. Schwellungen der unteren Extremitäten oder im Abdomen)

Verdauungsbeschwerden

- Die Bauchorgane haben alle direkt oder indirekt ligamentäre Verbindungen mit dem Zwerchfell.

Urogenitale Beschwerden

- Die Nieren stehen durch Ligamente in direkter Verbindung mit dem Zwerchfell.

Beschwerden am Bewegungsapparat

- Schmerzen oder Verspannungen im thorakolumbalen Übergang
- Haltungsveränderungen
- Schmerzen unter den Rippenbögen

Untersuchung

Palpation im Sitzen

Diagnostische Palpation des Zwerchfells im Sitzen

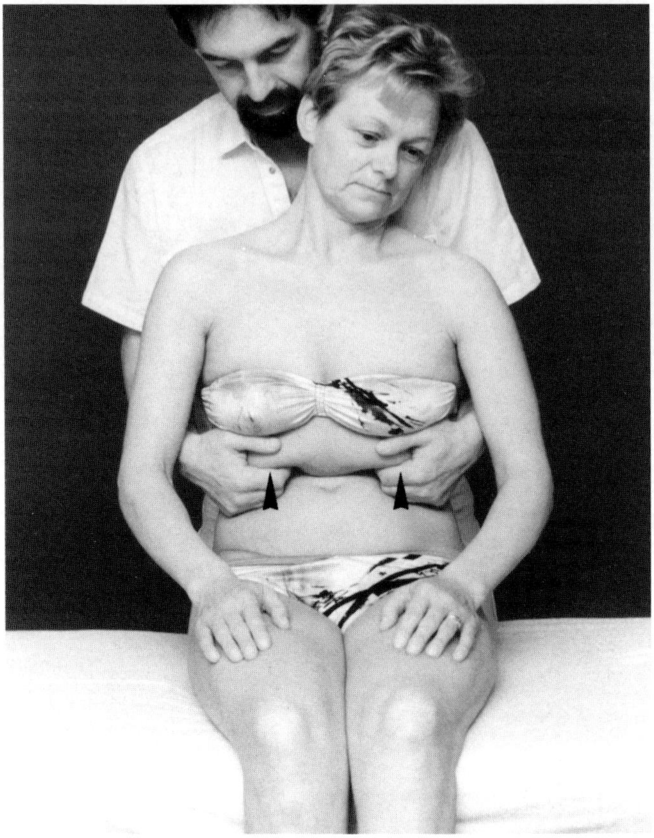

Abb. 12

Ausgangsstellung Patient Der Patient sitzt entspannt und lehnt sich an den hinter ihm stehenden Therapeuten.

Ausgangsstellung Therapeut Der Therapeut umfasst den Patienten mit beiden Armen von dorsal. Die Hände fassen die Rippenbögen so, dass die Fingerkuppen unter den Rippenbögen kranial an das Zwerchfell reichen.

Ausführung Es wird bimanuell Druck nach kranial auf das Zwerchfell ausgeübt.

Aussage Information über Elastizität, Widerstand und Stellung des Zwerchfells *im Sitzen.*

Zwerchfellpalpation im Liegen

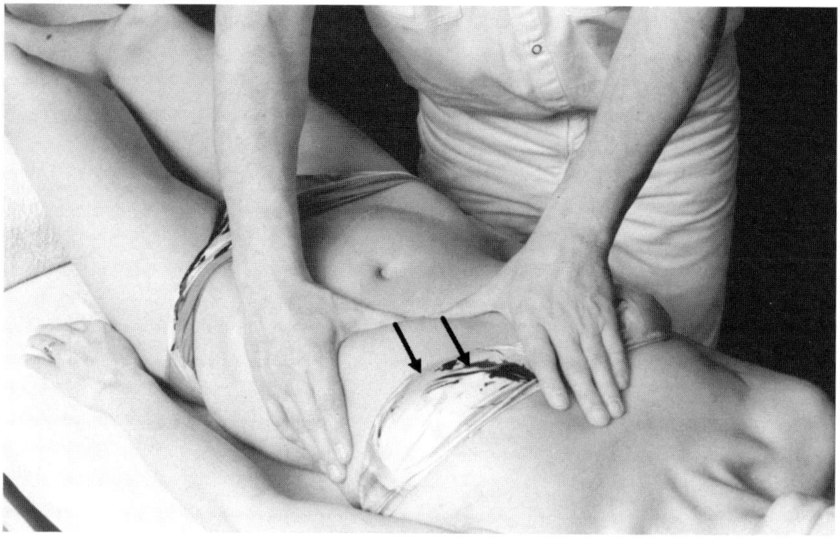

Abb. 13

Ausgangsstellung Patient

Der Patient befindet sich in Rückenlage.
Die Beine sind im Hüft- und Kniegelenk leicht gebeugt.

Ausgangsstellung Therapeut

Der Therapeut steht seitlich vom Patienten.
Beide Daumen liegen unter dem Rippenbogen.

Ausführung

Es wird ein bimanueller Druck nach kranial und lateral auf das Zwerchfell ausgeübt.

Aussage

Information über Elastizität, Stellung, Widerstand und Schmerzhaftigkeit des Zwerchfells in *entspannter* Lage.

Untersuchung

Palpation in Rückenlage

Zwerchfellpalpation im Liegen (Variation)

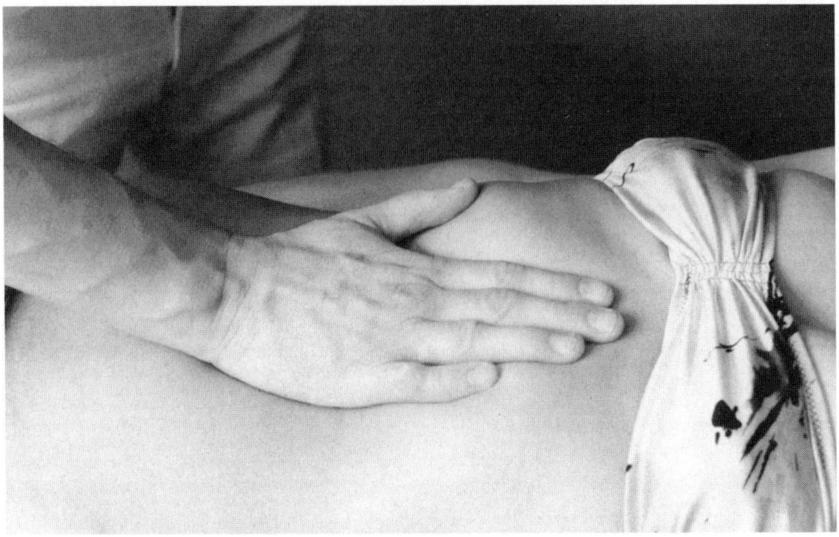

Abb. 14

Ausgangsstellung Patient
Der Patient befindet sich in Rückenlage.
Die Beine sind leicht gebeugt zur Entspannung der Bauchdecke.

Ausgangsstellung Therapeut
Der Therapeut steht seitlich vom Patienten.
Die Palpationshand liegt flach auf der Bauchwand.

Ausführung
Der Patient atmet gleichmäßig tief ein und aus.
Nach 3 bis 4 Atemzügen zieht er beim Ausatmen gleichzeitig den Bauch ein.

Aussage
Die Palpation ergibt Information über
- Elastizität und Widerstand des Zwerchfells
- Lokale Minderbeweglichkeit (Verklebungen)
- Ausweichbewegungen (Richtung der Bewegung)
- Abwehrspannung

Bauchorgane

Palpation im Sitzen

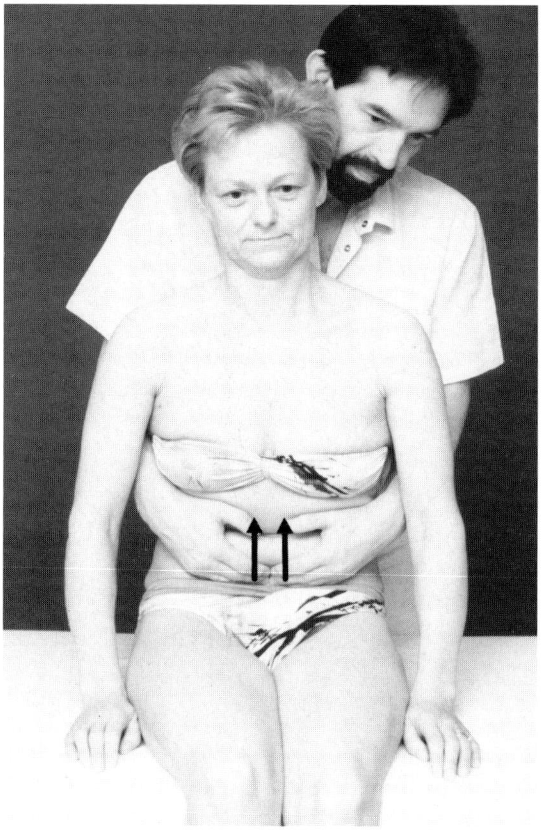

Abb. 15

Ausgangsstellung Patient

Der Patient sitzt. Er ist an den hinter ihm stehenden Therapeuten angelehnt.

Ausgangsstellung Therapeut

Der Therapeut steht so hinter dem Patienten, dass sein Brustbein Kontakt mit der Wirbelsäule des Patienten hat.
Beide Arme umgreifen den Thorax des Patienten und die Hände fassen die Bauchdeckenfalte mit den abdominalen Viszera unterhalb der Rippenbögen.

Ausführung

Die Bauchdeckenfalte wird nach kranial gehoben und dann schnell losgelassen.

Schmerzen

Schmerzen sind ein Zeichen für eine Organsenkung (Enteroptose). Es dürfte sich dabei um ligamentäre Schmerzen handeln.

Untersuchung

Perkussion

Perkussion von Brust- und Bauchhöhle (Zwerchfellstand)

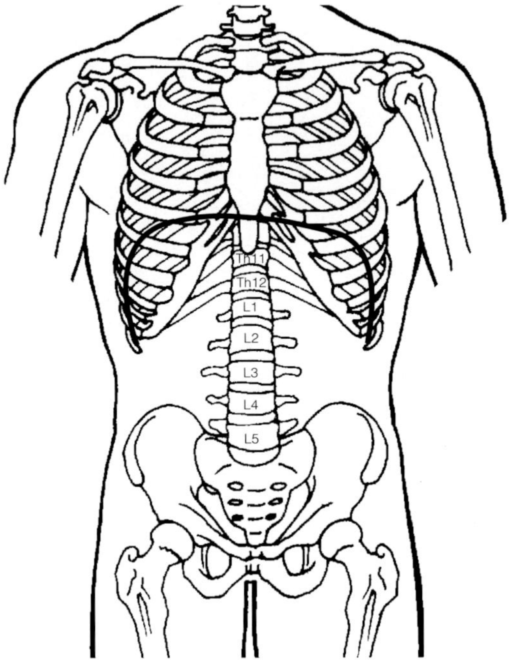

Abb. 16

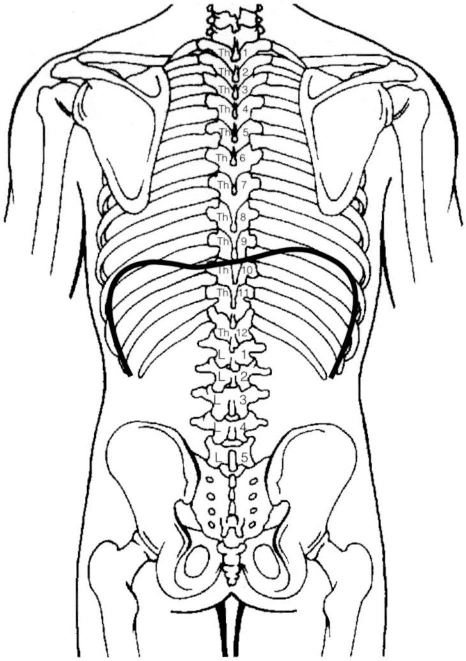

Abb. 17

Ventral liegt die Abgrenzung der Brusthöhle von der Bauchhöhle in Höhe des 5. Zwischenrippenraumes.

Dorsal steht das Zwerchfell in Höhe des 9. Brustwirbels (Th9).

Bei Inspiration und Exspiration spürt man die Auf- und Abbewegung des Zwerchfells, und zwar

- bei tiefem Einatmen tiefer als Th11,
- bei tiefem Ausatmen höher als Th7.

Bindegewebszonen des Zwerchfells

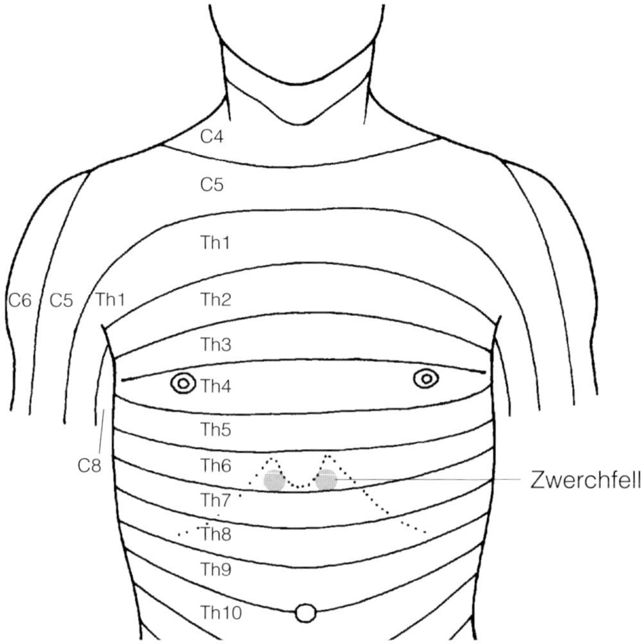

Abb. 18

Zwei Bindegewebspunkte des Zwerchfells liegen links und rechts vom Processus xiphoideus.

Muskulatur

Verspannungen können in folgenden Muskeln auftreten:
- M. quadratus lumborum
- Bauchmuskeln
- M. subclavius
- Beckenbodenmuskeln
- Paravertebrale Muskulatur
- M. psoas

Untersuchung

Wechselwirkungen

Untersuchung auf Wechselwirkungen mit anderen Funktionskreisen und Strukturen

Bewegungsapparat

Das Zwerchfell hat Verbindungen mit folgenden Knochenstrukturen:
- Brustbein
- beiden unteren Rippenbögen
- 12. Brust- bis 3. Lendenwirbel mit dem Crus sinister und dexter des Diaphragmas

Nervensystem

N. phrenicus	C3 - 4	motorische Innervation des Zwerchfells
Nn. intercostales	Th6 - 12	sensible Innervation des Diaphragmarandes

Topographische Beziehungen

- Nerval: Truncus sympathicus; N. splanchnicus major und minor; N. phrenicus; N. vagus
- Vasal: A. abdominalis; V. cava inferior; V. azygos und V. hemiazygos; Ductus thoracicus

Diese Gefäße und die Nerven laufen durch das Zwerchfell und können dadurch mechanisch beeinflusst werden.

- Viszeral: Organe oberhalb des Zwerchfells im Brustraum: Herz; Lunge; Ösophagus. Organe unterhalb des Zwerchfells im Bauchraum: Nieren; Leber; Magen; Milz; Dickdarm

Alle diese Organe haben direkt oder indirekt ligamentäre Verbindungen mit dem Zwerchfell.

Röntgen

Gibt Informationen über die Stellung des Diaphragmas: (höchster Punkt bei Th9).
Ein Zwerchfellhochstand kann als Folge von Leberschwellung, Aszites oder Tumoren auftreten.
Herzkonturen.
Lungengrenzen und Lungenstruktur.

Labor

Zum Ausschluss von Infektionen.

Zwerchfelldehnung

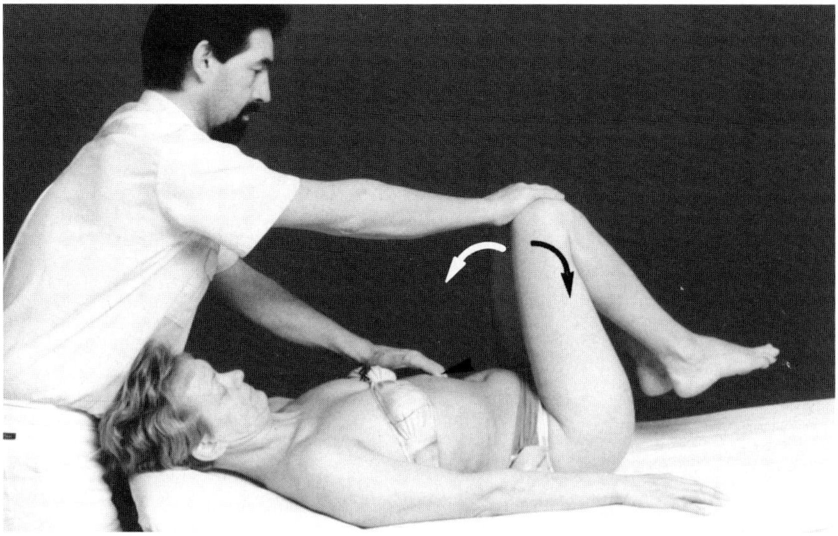

Abb. 19

Behandlung

in Rückenlage

Indikation

Verspannung des Zwerchfells. Sie tritt meist sekundär auf infolge Dysfunktion anderer innerer Organe (z. B. Magenbeschwerden) oder durch venöse Stase im Bauchraum.

Ausgangsstellung Patient

Rückenlage mit flektierten und angespreizten Knien.
Der Kopf wird durch Verstellen der Kopfstütze oder Unterlegen eines kleinen Polsters in leichte Anteflektion angehoben.

Ausgangsstellung Therapeut

Der Therapeut steht am Kopfende der Behandlungsliege.
Die eine Hand umfasst den Rippenbogen von unten wie bei der Untersuchung.
Die andere Hand liegt auf den Knien.

Ausführung

Die rechte Hand bewegt die Kniegelenke abwechselnd nach beiden Seiten. Dabei behält die linke Hand den palpierenden Kontakt zum Zwerchfell bei.

Effekt

Verminderung der Zwerchfellspannung.
Stimulierung des Arterio-venös-lymphatischen Systems (AVL-System).
Förderung der Verdauungsvorgänge.

Zwerchfellhebung

Behandlung

in Rückenlage

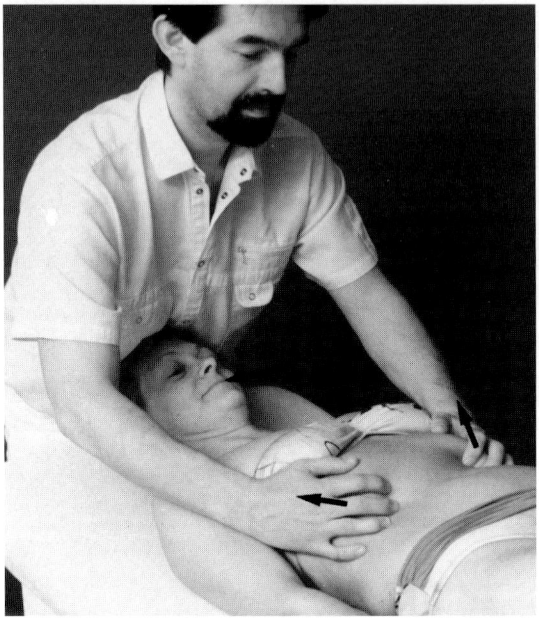

Abb. 20

Indikation

Verspannung des Zwerchfells in Inspiration bewirkt einen Mobilitätsverlust des Zwerchfells mit Verminderung der Durchblutung der Bauchorgane. Dadurch können Funktionsstörungen entstehen in den Organen, die eine direkte Verbindung mit dem Zwerchfell haben.

Ausgangsstellung Patient

Entspannte Rückenlage mit gebeugten Knien,
Arme parallel zum Körper.
Kopf leicht gebeugt durch entsprechend angehobene Kopfstütze oder ein kleines Kopfpolster.

Ausgangsstellung Therapeut

Der Therapeut steht am Kopfende der Behandlungsliege.
Die Hände liegen auf den Rippenbögen,
Fingerspitzen unter den Knorpelpartien der 8., 9., und 10. Rippe.

Ausführung

Mit der Einatmung zieht der Therapeut die Rippen nach oben und außen.
Während der Ausatmung wird diese Stellung gehalten.
Nach der dritten Ausatmung versucht der Patient, seinen Bauch nach kranial einzuziehen und diese Stellung so lange wie möglich zu halten.

Effekt

Verminderung der Zwerchfellspannung.
Stimulierung des AVL-Systems.

Dehnung einer Zwerchfellhälfte

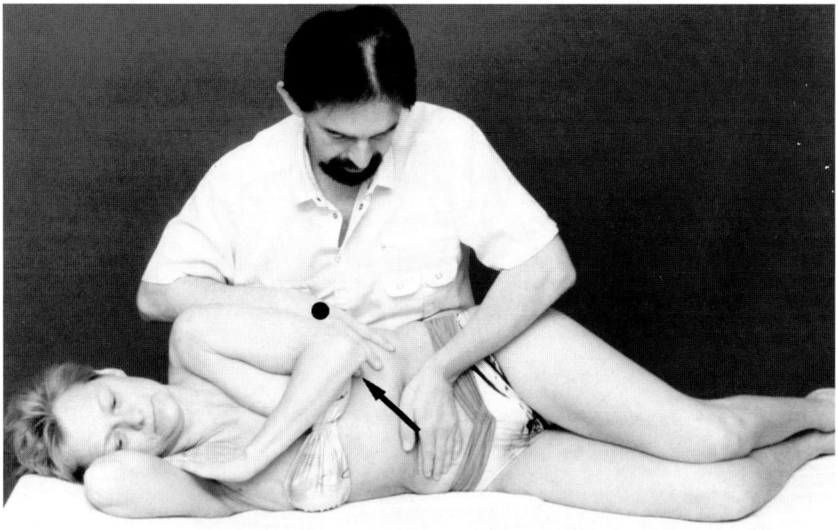

Abb. 21

Indikation

Einseitige Verspannung des Zwerchfells.

Ausgangsstellung Patient

Der Patient liegt in stabiler Seitenlage auf der kontralateralen Seite. Beide Knie- und Hüftgelenke sind leicht gebeugt.
Die tischnahe Hand dient als Kopfstütze, die andere Hand stützt sich auf dem Oberarm ab.

Ausgangsstellung Therapeut

Der Therapeut steht hinter dem Patienten.
Die rechte Hand und der Thorax fixieren den Körper des Patienten.
Die linke Hand liegt auf dem linken Oberbauch.

Ausführung

Während der Ausatmung drückt der Therapeut mit seiner linken Hand die Eingeweide unter den linken Rippenbogen in Richtung der linken Schulter.

Effekt

Entspannung der linken Zwerchfellhälfte.

Zwerchfelldehnung

Behandlung

im Sitzen

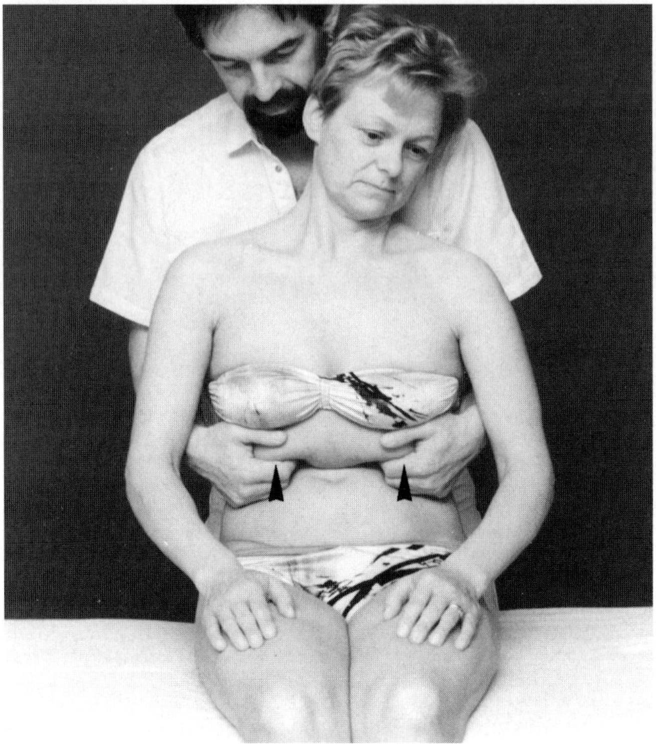

Abb. 22

Indikation

Verspannung des Zwerchfells.
Anfangstechnik bei Bauchorganbehandlungen.

Ausgangsstellung Patient

Der Patient sitzt etwas vornüber gebeugt.

Ausgangsstellung Therapeut

Der Therapeut steht hinter dem Patienten.
Mit dem Thorax stützt er den Körper des Patienten ab.
Beide Hände umfassen die Rippenbögen von kaudal, die Fingerkuppen ertasten die Zwerchfellansätze.

Ausführung

Der bimanuelle Druck auf das Zwerchfell wird beibehalten, während man mobilisierende Bewegungen des Thorax nach links und rechts ausführt.

Effekt

Entspannung des Zwerchfells.
Einfluss auf die Bauchorgane (Lösen ligamentärer Verspannungen).

Dehnung der Pleura parietalis

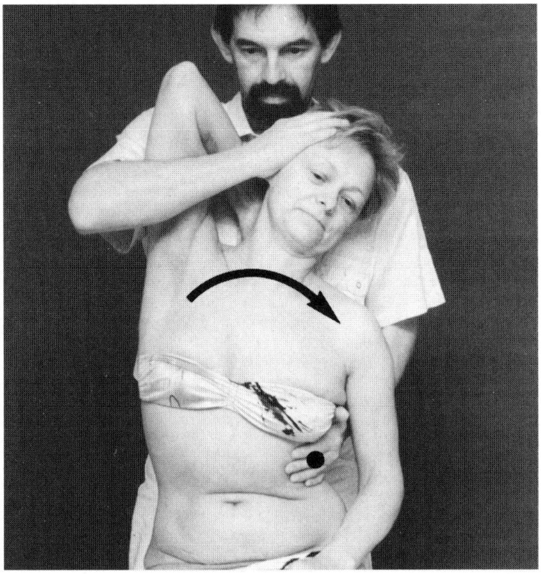

Abb. 23

Behandlung

im Sitzen

Indikation

Verklebungen und Elastizitätsverlust der Pleura parietalis (z. B. nach Pleuritis, bronchopulmonalen Erkrankungen, Interkostalneuralgien).

Ausgangsstellung Patient

Der Patient sitzt.
Der Oberarm der behandelten Seite ist maximal abduziert (Elevation).
Die Hand liegt im Nacken.
Der andere Arm hängt zwanglos herab.

Ausgangsstellung Therapeut

Der Therapeut steht hinter dem Patienten.
Die rechte Hand liegt auf der rechten Schläfe des Patienten.
Der elevierte Oberarm des Patienten liegt dadurch in der Ellenbogenbeuge des Therapeuten.
Die linke Hand liegt lateral auf den untersten Rippen der anderen Seite und fixiert von dort den Thorax gegen die therapeutische Seitneigebewegung.

Ausführung

Während der Einatmung geben beide Hände Widerstand gegen die Atembewegung.
Während der Ausatmung fixiert die linke Hand den Thorax.
Die rechte Hand bringt den Kopf und den Thorax weiter in die Linksseitneigung.

Effekt

Dehnung und Wiederherstellung der Elastizität der Pleura parietalis.

Behandlung

im Sitzen

Entspannung und Dehnung des rechten Arcus lumbocostalis lateralis (Hallerscher Bogen)

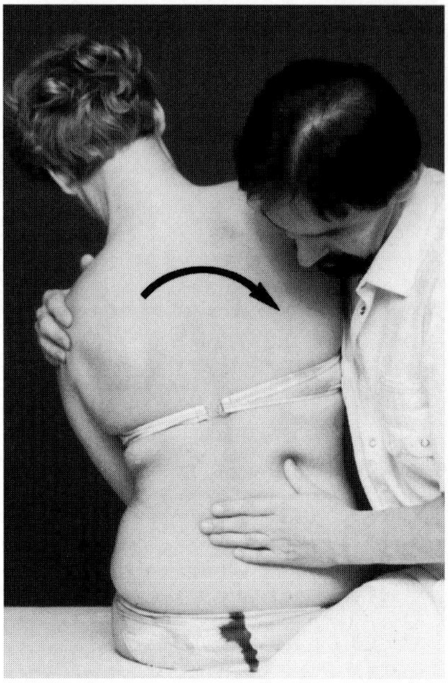

Abb. 24 a

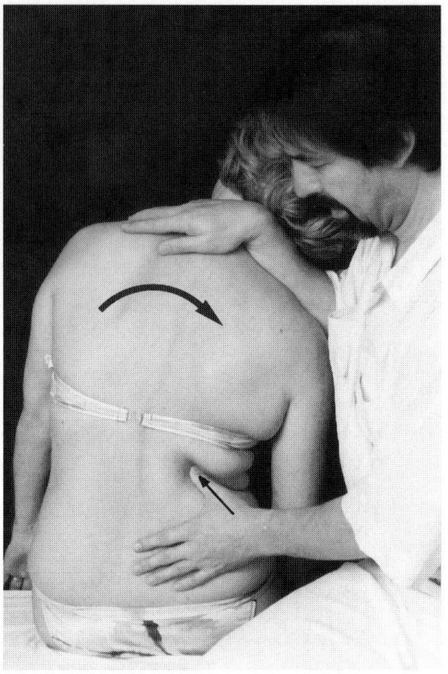

Abb. 24 b

Indikation

Verspannungen und verminderte Elastizität des Arcus lumbocostalis lateralis.
Verklebungen in diesem Bereich.

Ausgangsstellung Patient

Entspannte Sitzhaltung.

Ausgangsstellung Therapeut

Der Therapeut sitzt an der rechten Seite des Patienten.
Der linke Daumen liegt unter der zwölften Rippe, lateral vom paravertebralen Muskelwulst.

Ausführung

a) Der Patient führt eine Linksseitneigung aus.
Während der Ausatmung dringt der Daumen jedesmal tiefer in kranio-medialer Richtung ein zur Kontaktaufnahme mit dem Arcus lumbocostalis.

b) Dann neigt sich der Patient nach rechts.
Der Druck des Daumens auf das Ligament in ventraler (anteriorer) Richtung bewirkt eine Entspannung und Dehnung des Bandes.

Effekt

Entspannung und Dehnung des Arcus lumbocostalis lateralis.

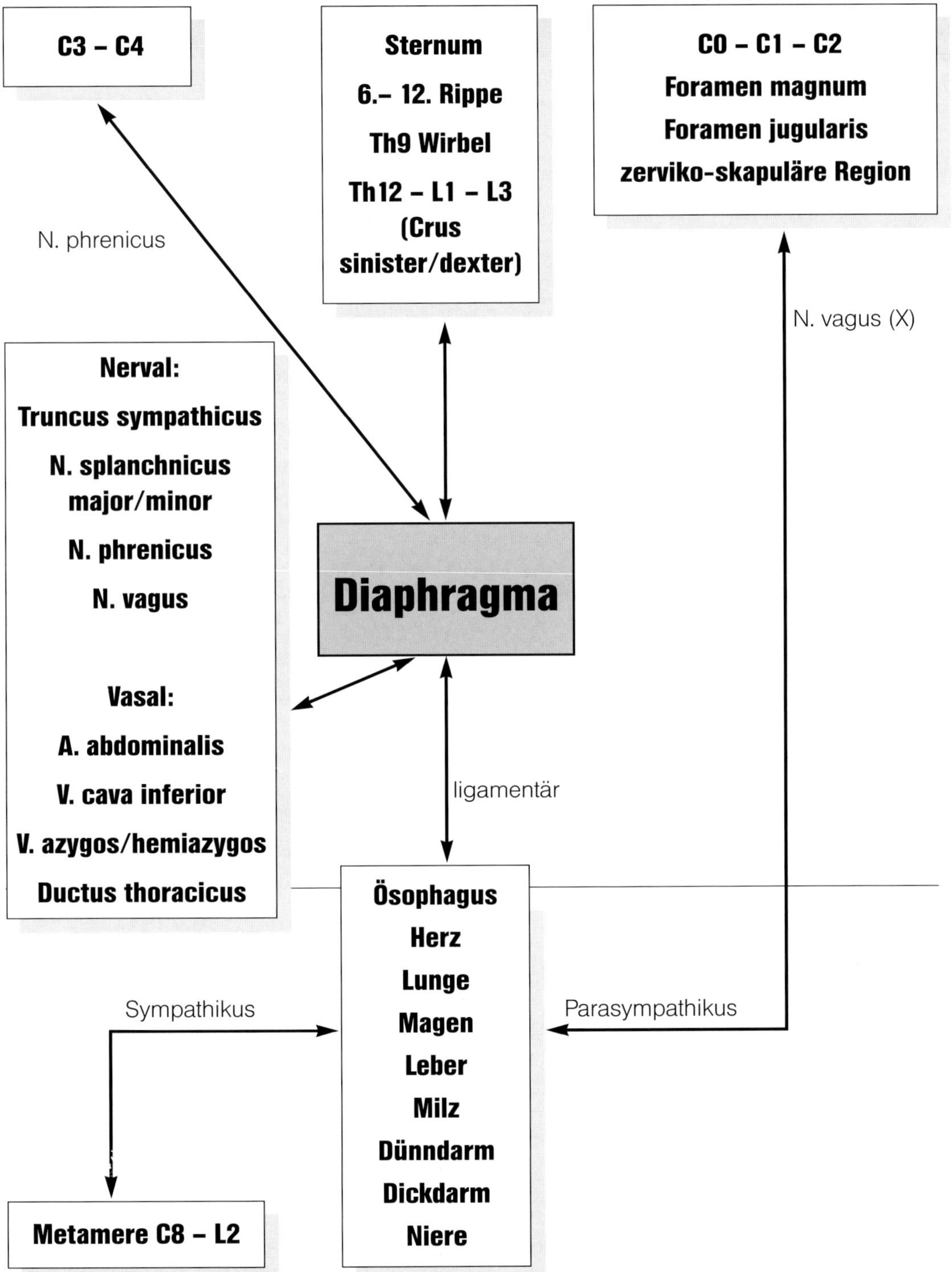
C3 – C4
Sternum
6.– 12. Rippe
Th9 Wirbel
Th12 – L1 – L3
(Crus
sinister/dexter)
C0 – C1 – C2
Foramen magnum
Foramen jugularis
zerviko-skapuläre Region
N. phrenicus
N. vagus (X)
Nerval:
Truncus sympathicus
N. splanchnicus
major/minor
N. phrenicus
N. vagus
Vasal:
A. abdominalis
V. cava inferior
V. azygos/hemiazygos
Ductus thoracicus
Diaphragma
ligamentär
Ösophagus
Herz
Lunge
Magen
Leber
Milz
Dünndarm
Dickdarm
Niere
Sympathikus
Parasympathikus
Metamere C8 – L2

Untersuchung

Anamnese

Diaphragma pelvis

Das Diaphragma pelvis besteht aus den Beckenbodenmuskeln (M. levator ani und M. coccygeus), Beckenfaszien und den Sphinktermuskeln von Harnblase und Enddarm.

Organbeschwerden

- Rezidivierende Blasenentzündungen
- Inkontinenz
- Obstipation
- Senkung der Beckenorgane, z. B. Ptose der Blase
- Gynäkologische Beschwerden
- Senkung der Bauchorgane verbunden mit Funktionsstörungen dieser Organe
- Schwellungen an den unteren Extremitäten

Beschwerden am Bewegungsapparat

- Schmerzen und Verspannungsgefühl im lumbosakralen Übergang
- Schmerzen im Gesäß
- Schmerzen im Bereich des Perineums (zwischen After und Genitalien)
- Kokzygodynie

► Jede Dysfunktion des Diaphragma pelvis beeinflusst das kraniosakrale System und die Becken- und Bauchorgane.

Diagnostische Palpationstechnik am Beckenboden

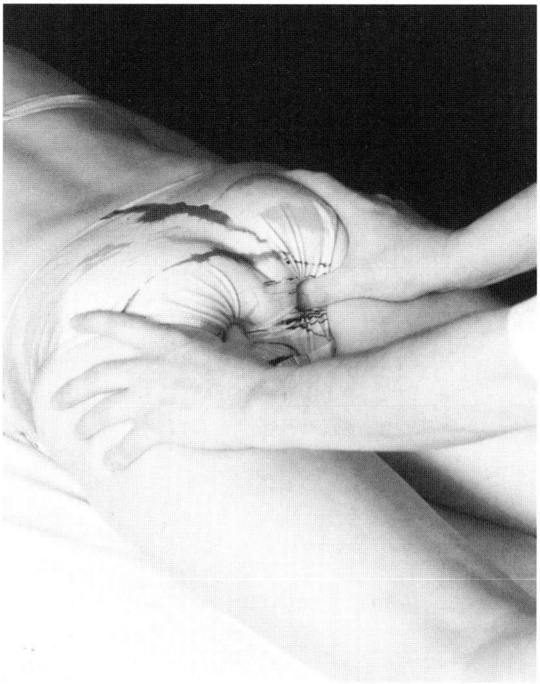

Abb. 25

Ausgangsstellung Patient

Der Patient befindet sich in Bauchlage.
Die Beine sind durch eine Fußrolle leicht gebeugt.

Ausgangsstellung Therapeut

Der Therapeut steht seitlich vom Patienten in Höhe der Kniegelenke.
Die Handflächen liegen auf dem Glutealbereich.
Die Daumen berühren die Innenseite des Tuber Ischiadicum.

Ausführung

Ein sanfter Druck wird nach kranio-medial und kranio-lateral ausgeübt.

Aussage

Information über Elastizität, Widerstand und Schmerzhaftigkeit des Perineums, des Lig. sacro-tuberale und über den Tonus der Beckenbodenmuskeln.

Untersuchung

Palpation in Seitenlage

Diagnostische Palpationstechnik am Beckenboden (Variation)

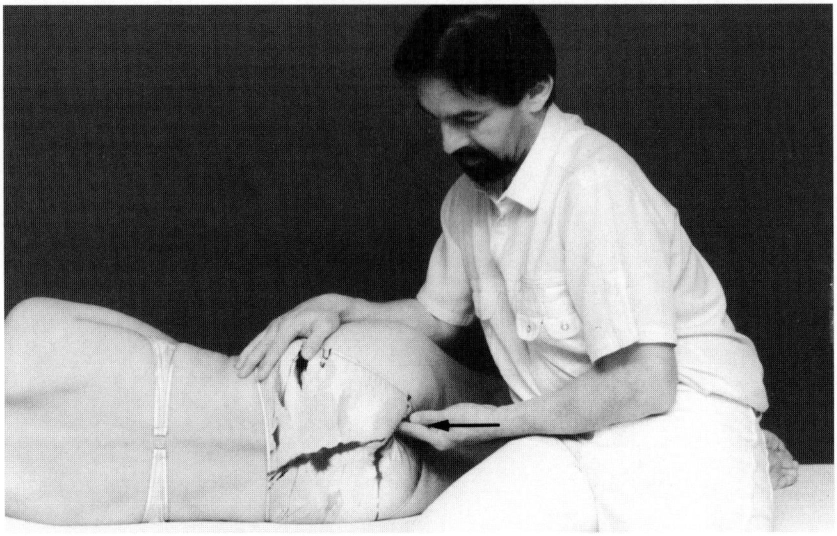

Abb. 26

Ausgangsstellung Patient
Der Patient befindet sich in der stabilen Seitenlage.

Ausgangsstellung Therapeut
Der Therapeut sitzt hinter dem Patienten.
Die linke Hand nimmt mit gestreckten Fingern Kontakt mit der Beckenbodenmuskulatur zwischen dem rechten Tuber ischiadicum und dem Rektum auf.

Ausführung
Ein sanfter Druck wird nach kranial ausgeübt.

Aussage
Information über Elastizität, Widerstand und Schmerzhaftigkeit des Perineums und über den Tonus der Beckenbodenmuskeln.

Untersuchung auf Wechselwirkungen mit anderen Funktionskreisen und Strukturen

Bewegungsapparat

Funktionelle Verbindungen bestehen
- zum Sakrokokzygealen Gelenk,
- zu den Iliosakralgelenken,
- zur Symphyse und
- zu den Hüftgelenken

Nervensystem

N. pudendus	S2 - 4	
Sympathikus	Th10 - L2	Nn. splanchnicus minor und lumbales
Parasympathikus	S2 - 4	Nn. pelvini

Topographische Beziehungen

Nerval	N. pudendus N. obturatorius internus
Vasal	Gefäßsystem des Beckens
Skeletal	Hüftgelenke
Viszeral	Uterus Vagina Blase Rektum Zäkum Sigma Prostata Leber

Behandlung des Beckenbodens (bilateral)

Behandlung

in Bauchlage

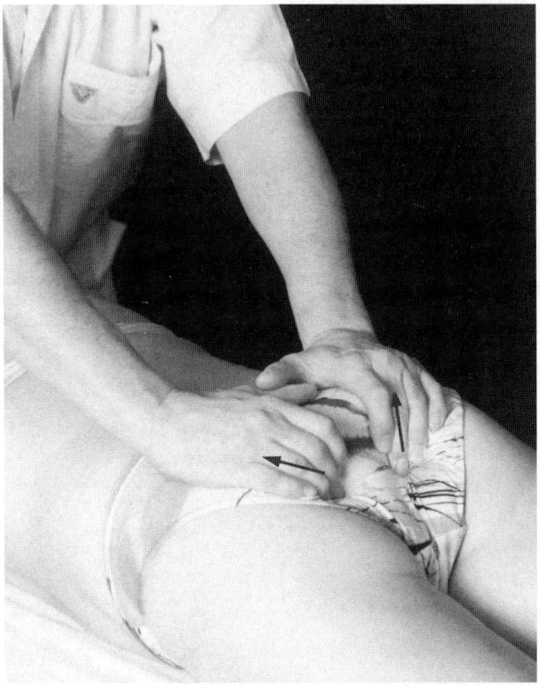

Abb. 27

Ausgangsstellung Patient
Der Patient befindet sich in Bauchlage.
Die Beine sind durch eine Fußrolle leicht gebeugt.

Ausgangsstellung Therapeut
Der Therapeut steht seitlich vom Patienten in Höhe der Schulter.
Die Handflächen liegen auf dem Glutealbereich.
Die Fingerspitzen beider Hände dringen lateral vom Os coccygis ein.

Ausführung
Hautverschiebung nach kaudal.
Während der Ausatmung wird ein bimanueller Zug nach kranio-lateral auf das Perineum ausgeübt.

Effekt
Dehnen der Beckenbodenmuskeln.
Lösen der faszialen Verklebungen.
Verbesserung der Durchblutung.

Behandlung des Beckenbodens (unilateral)

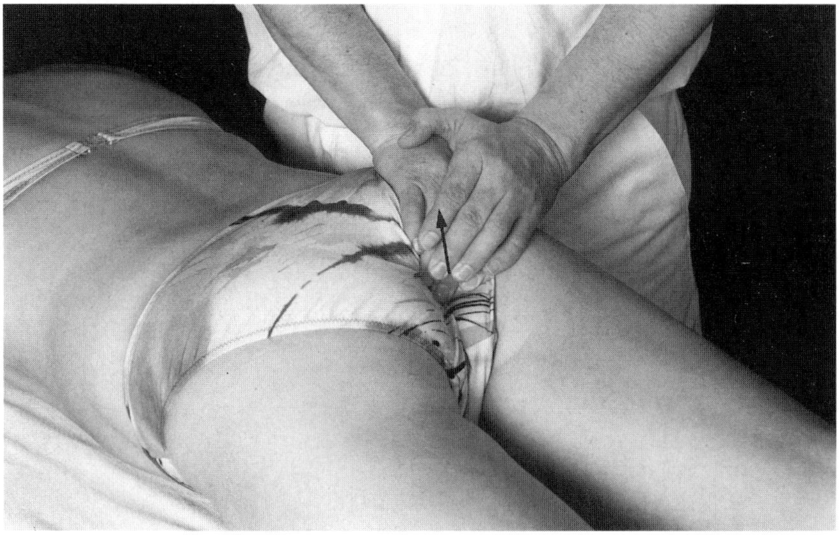

Behandlung

in Bauchlage

Abb. 28

Ausgangsstellung Patient

Der Patient befindet sich in Bauchlage.
Die Beine sind durch eine Fußrolle leicht gebeugt.

Ausgangsstellung Therapeut

Der Therapeut steht seitlich vom Patienten in Höhe des Beckenkamms.
Beide Hände liegen übereinander auf den Glutealmuskeln.
Die Fingerspitzen befinden sich lateral vom Os coccygis.

Ausführung

Hautverschiebung nach kaudal.
Während der Ausatmung wird ein Zug nach kranio-lateral auf das Perineum ausgeübt.

Effekt

Dehnen der Beckenbodenmuskeln.
Lösen der faszialen Verklebungen.
Verbesserung der Durchblutung.

Heben des Beckenbodens (Pelvis-lift)

Behandlung

in Seitenlage

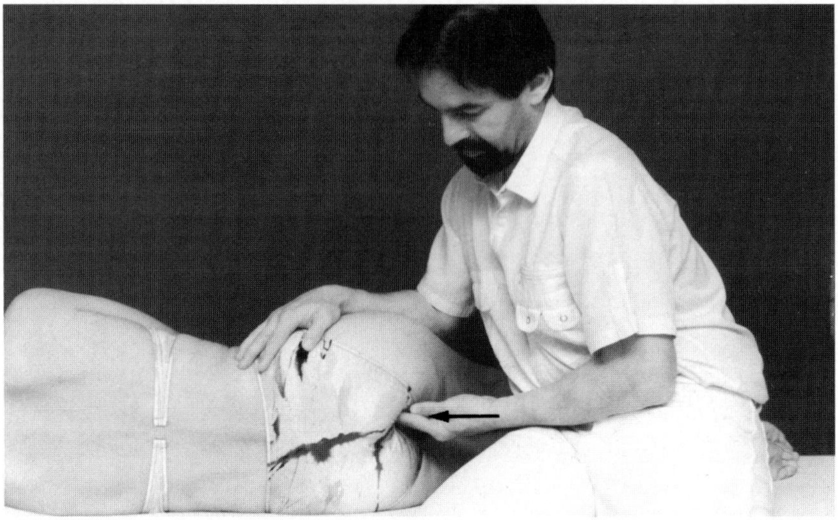

Abb. 29

Indikation

Beckenbodensenkung.
Verspannungen und verminderte Elastizität des Beckenbodens.
Zur Durchblutungsförderung und Lymphdrainage der unteren Extremitäten und der Beckenorgane (Hämorrhoiden).
Obstipation.
Kokzygodynie.

Ausgangsstellung Patient

Der Patient befindet sich in einer stabilen Seitenlage.

Ausgangsstellung Therapeut

Der Therapeut sitzt hinter dem Patienten.
Die Kontaktnahme ist die gleiche wie bei der Untersuchung (**Abb. 26**).

Ausführung

Während der Ausatmung werden die Finger weiter in kraniale Richtung geschoben.
Während der Einatmung wird die Position gehalten.
Während der nächsten Exspiration werden Hand und Finger weiter nach kranial gedrückt.

Effekt

Entspannung der Beckenbodenmuskulatur.
Lösen der faszialen Verklebungen.
Verbesserung der Durchblutung, Lymphdrainage der unteren Extremitäten und des Beckens.

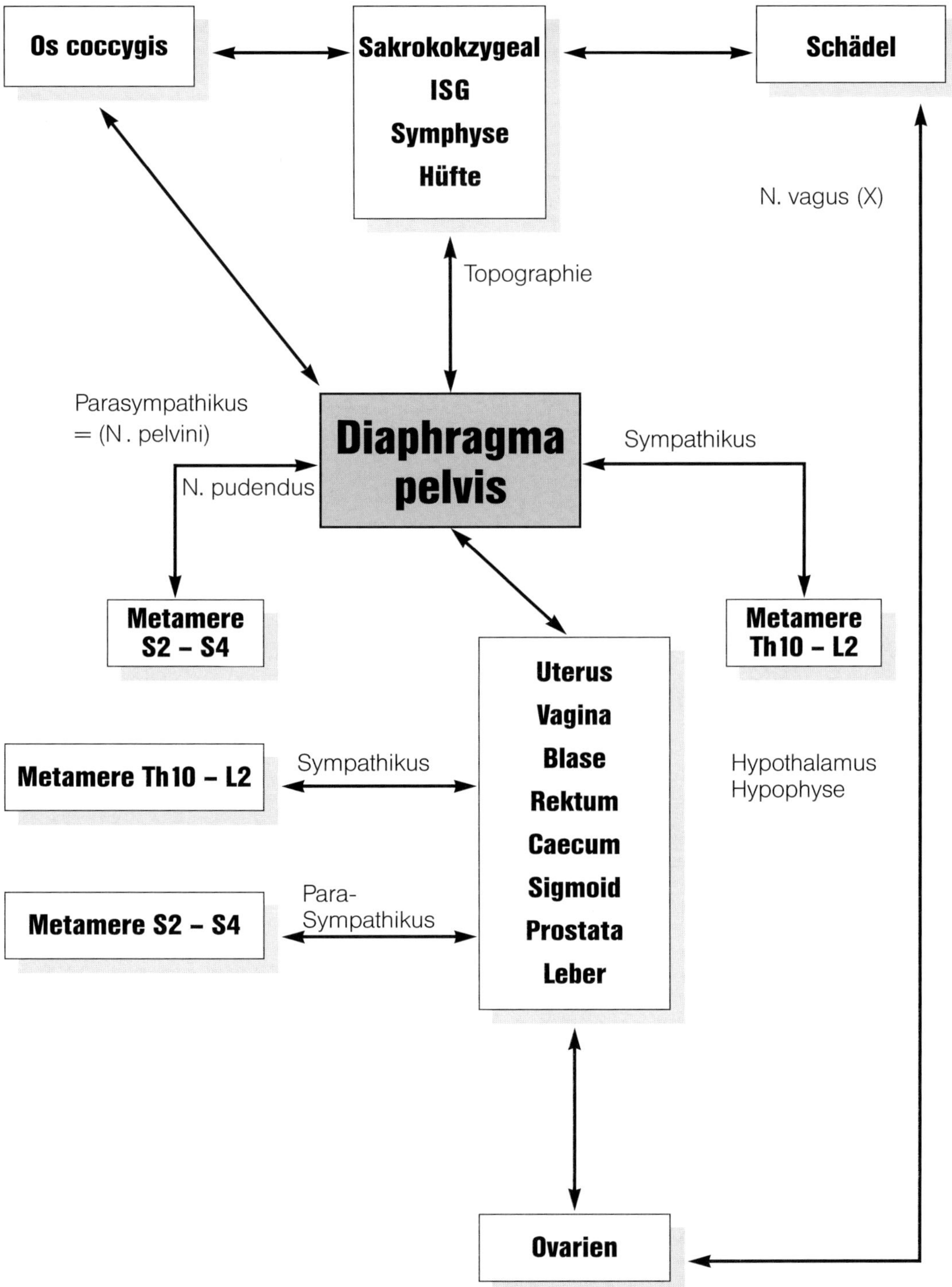
Os coccygis
Sakrokokzygeal
ISG
Symphyse
Hüfte
Schädel
N. vagus (X)
Topographie
Parasympathikus
= (N. pelvini)
Diaphragma pelvis
Sympathikus
N. pudendus
Metamere S2 – S4
Metamere Th10 – L2
Uterus
Vagina
Blase
Rektum
Caecum
Sigmoid
Prostata
Leber
Metamere Th10 – L2
Sympathikus
Hypothalamus
Hypophyse
Metamere S2 – S4
Para-
Sympathikus
Ovarien

II Nieren und Harnblase

Organbeschwerden

- Rezidivierende Blasenentzündungen, Nierenreizungen
- Nierenerkrankungen oder Dysfunktion können durch Erkrankungen von Ureter, Blase, Magen, Darm oder durch Hypertonie entstehen
- Pathologischer Urinbefund
- Schmerzen beim Wasserlassen
- Anormale Transpiration
- Ödeme an Beinen, Rumpf, Händen oder Gesicht
- Ermüdung
- Allgemeines Schweregefühl
- Allgemeines Kältegefühl
- Vergrößerte, tiefe Hautporen
- Impotenz, verminderte Libido
- Obstipation
- Inkontinenz
- Blasensenkung
- Operative Eingriffe oder Traumen im Bereich der Urogenitalorgane
- Nierendysfunktion ist oft Ursache von Funktionsstörungen oder Erkrankungen anderer innerer Organe (z. B. des Herzens)

Beschwerden am Bewegungsapparat

- Schmerzen im lumbosakralen Übergang können Hinweis auf eine Blasenerkrankung sein
- Schmerzen im thorakolumbalen Übergang kommen bei Nierenerkrankungen vor
- Interkostalneuralgien der 12. Rippe zum Nabel hin
- Ausstrahlende Schmerzen vom Beckenkamm bis zur Innenseite des Knies (durch Verlagerung der Niere können der M. psoas, der N. genitofemoralis sowie der N. cutaneus femoralis lateralis beeinflusst werden)
- Stoß oder Sturz auf das Steißbein

Diagnostische Palpation der Niere

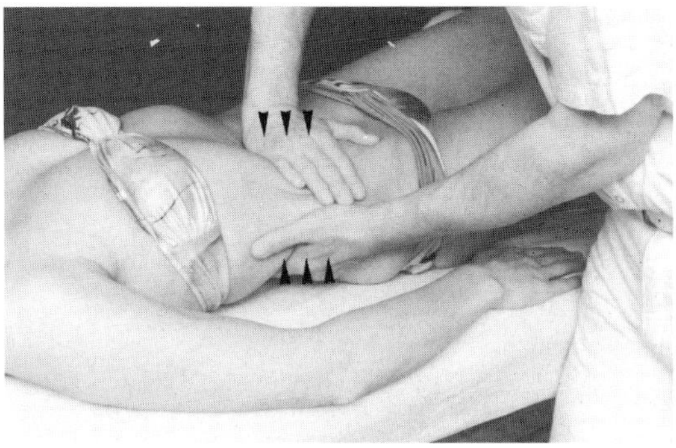

Abb. 30a

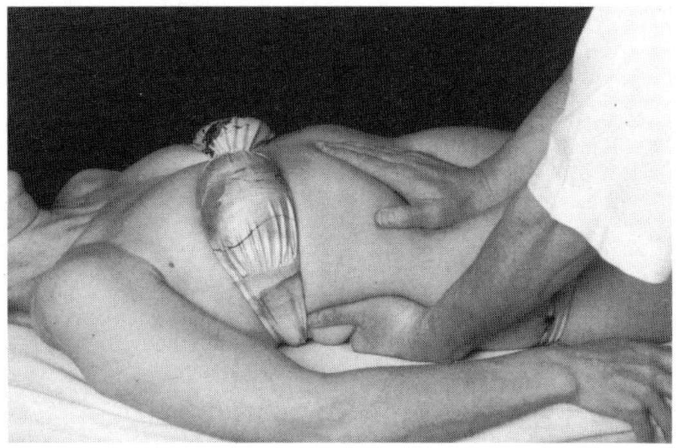

Abb. 30 b

Ausgangsstellung Patient

a) Der Patient liegt in entspannter Rückenlage.
Die Beine sind angezogen.
Zur muskulären Entspannung liegt ein kleines Kissen unter dem Kopf.

Ausgangsstellung Therapeut

Der Therapeut steht auf der zu untersuchenden Seite.
Die linke Hand liegt in der Flanke des Patienten und fixiert von dort das Nierenlager.
Die rechte Hand liegt in Höhe der rechten Niere, die Handwurzel in der Medianlinie.
Die palpierenden Fingerspitzen sind nach lateral gerichtet.

Ausführung

Der Therapeut drückt beide Hände gegeneinander, dabei palpieren die Fingerspitzen das Nierenlager.

Ausgangsstellung Patient

b) wie in (a).

Ausgangsstellung Therapeut

Der Therapeut steht in Höhe der Oberschenkel auf der zu untersuchenden Seite.
Die linke Hand unterstützt die rechte Flanke. Die rechte Handfläche liegt auf der rechten Niere, die Handwurzel in Höhe des unteren Nierenpols.
Die Fingerspitzen Richtung Proc. xiphoideus.

Ausführung

Während der Einatmung palpiert man den unteren Nierenpol (Zunahme des Widerstandes gegen die Handwurzel).

Aussage

Schmerzempfindlichkeit und Stellung der Niere.

Untersuchung

Palpation in Rückenlage

Diagnostische Palpation der Harnblase

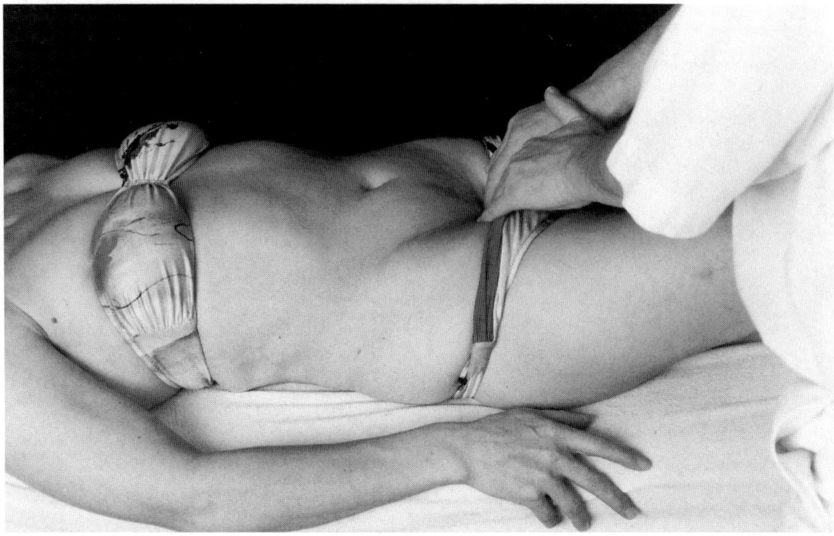

Abb. 31

Ausgangsstellung Patient
Entspannte Rückenlage.
Die Beine sind in Hüft- und Kniegelenk leicht gebeugt.

Ausgangsstellung Therapeut
Der Therapeut steht seitlich vom Patienten in Höhe der Oberschenkel.
Die Fingerspitzen beider Hände suchen Kontakt mit der Harnblase, kranio-dorsal von der Symphyse.

Ausführung
Der Therapeut verstärkt allmählich den Palpationsdruck, sofern keine Abwehrspannung auftritt und dringt mit den palpierenden Fingerspitzen weiter in die Tiefe.

Aussage
Pathologische Schmerzhaftigkeit der Palpation bei Blasenerkrankungen oder Erkrankungen der weiblichen Geschlechtsorgane (Uterus, Ovarien).

Mobilitätstest der Nieren

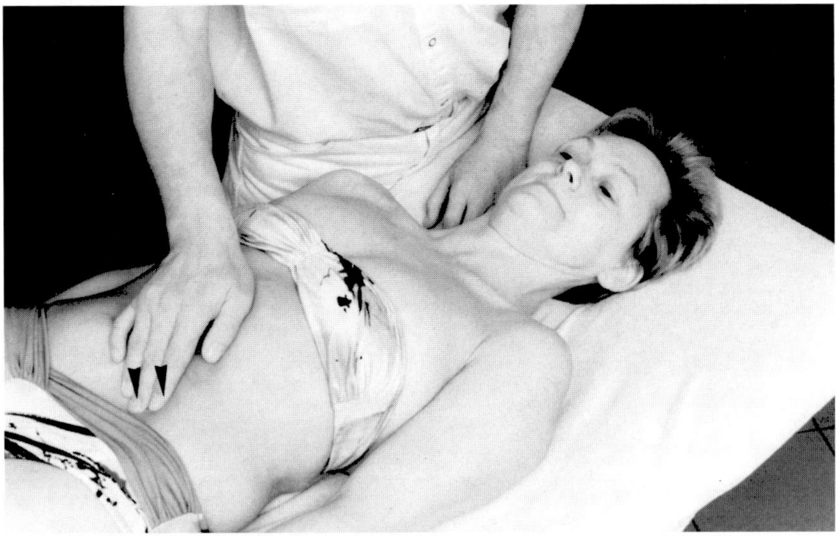

Abb. 32

Ausgangsstellung Patient

Entspannte Rückenlage wie bei der Palpation.

Ausgangsstellung Therapeut

Der Therapeut steht in Höhe der Schulter des Patienten auf der gegenüberliegenden Seite der untersuchten Niere.
Die Fingerspitzen der Palpationshand liegen am unteren Nierenpol.

Ausführung

Der Therapeut palpiert das Absinken der Niere nach unten und lateral bei Einatmung.
Diese Bewegung ist an die Atmung gekoppelt.

Aussage

Die normale Bewegung der Niere ist synchron mit der Einatmung. Die physiologische Bewegung der Niere läuft dabei in der Rinne, die der M. psoas mit dem M. quadratus lumborum bildet.
Dort können Bewegungseinschränkungen durch Verklebungen im Vergleich mit der anderen Seite diagnostiziert werden.

Untersuchung

Mobilitätstest in Rückenlage

Mobilitätstest der Harnblase

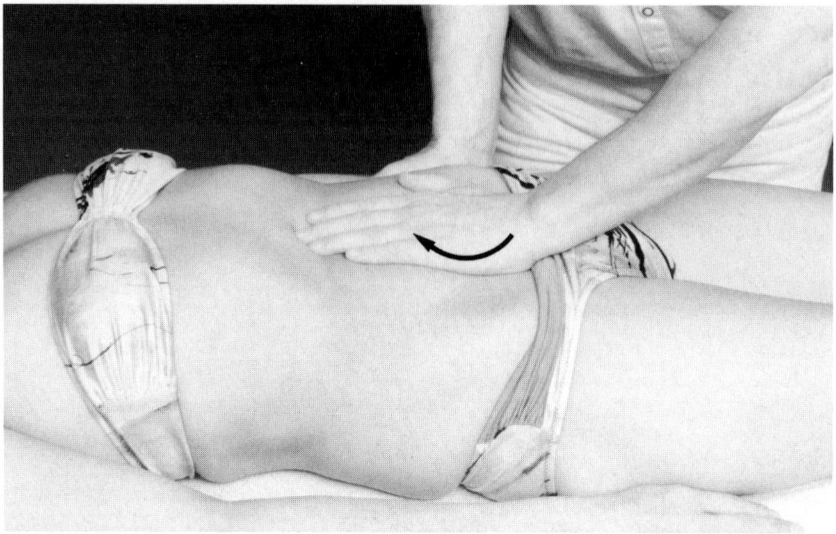

Abb. 33

Ausgangsstellung Patient
Der Patient nimmt die entspannte Rückenlage wie bei der Palpation ein.

Ausgangsstellung Therapeut
Der Therapeut steht seitlich vom Patienten in Höhe der Hüftgelenke. Die Handfläche der Palpationshand liegt oberhalb der Symphyse mit dem Thenar und Hypothenar auf der entspannten Bauchdecke. Die Finger zeigen zum Nabel.

Ausführung
Der Therapeut beobachtet die Bewegung.
Die Fingerspitzen werden nach ventral und kranial bewegt, die Handballen nach dorsal und kranial in Richtung des Bauchnabels, wodurch die Harnblase etwas nach kranial verschoben wird.

Aussage
Diagnose von Bewegungsveränderungen: Richtung, Rhythmus, Widerstand und Elastizität.

Verdacht auf Blasensenkung

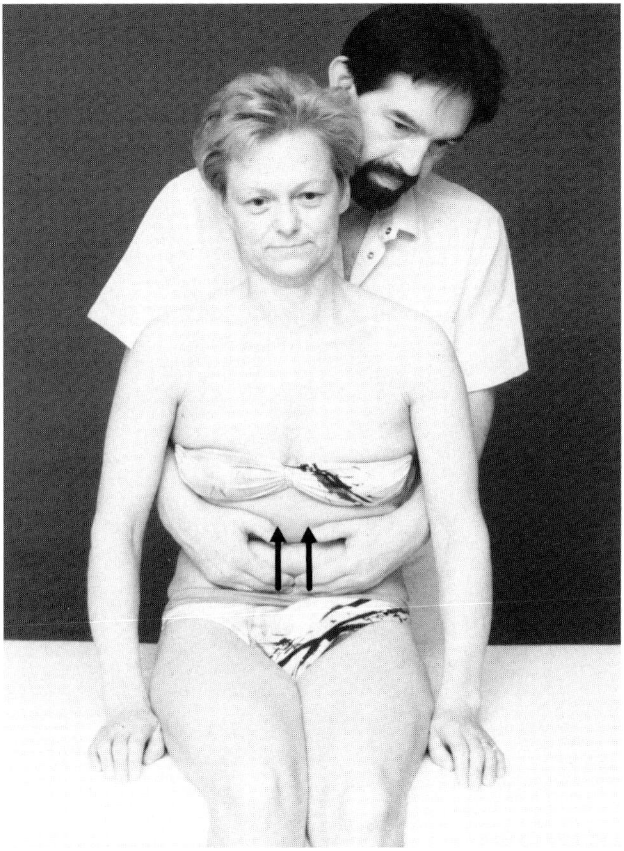

Abb. 34

Ausgangsstellung Patient

Der Patient sitzt entspannt auf der Behandlungsliege.

Ausgangsstellung Therapeut

Der Therapeut steht hinter dem Patienten.
Sein Brustkorb hat Kontakt mit der Wirbelsäule des Patienten.
Beide Arme umfassen die Rippenbögen.
Die Hände nehmen am Oberrand der Symphyse Kontakt mit der Blase auf.

Ausführung

Der Therapeut versucht, die Bauchfalte mit der Harnblase etwas zu sich nach oben zu heben, während er gleichzeitig mit seinem Thorax den Patienten etwas aufrichtet.
Danach lassen die Hände los.

Aussage

Schmerzen beim Loslassen sind ein Zeichen für eine Blasensenkung.
Bei Hochheben gibt der Patient dann eine Erleichterung an.

Untersuchung

ergänzend

Bindegewebszonen

Dermatome und Maximalpunkte bei Erkrankungen von Niere und Harnblase (**Abb. 35 a** und **b**):

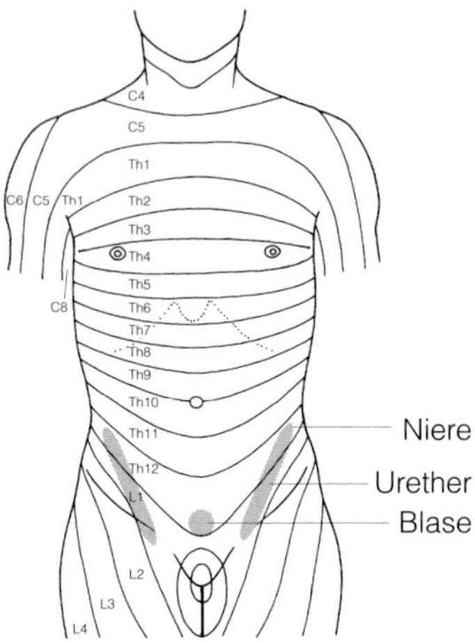

Abb. 35a ventral

Niere:	Dermatome Maximalzone Maximalpunkte	Th8 - L3 Innenseite des vorderen Beckenkamms im Dermatom Th12 L3 oberhalb des Kniegelenks
Urethra:	Dermatome	Th12 - L1 parallel zum Leistenband
Harnblase:	Dermatome Maximalzone	Th10 - 12 Auf der Mittellinie des Dermatoms Th12

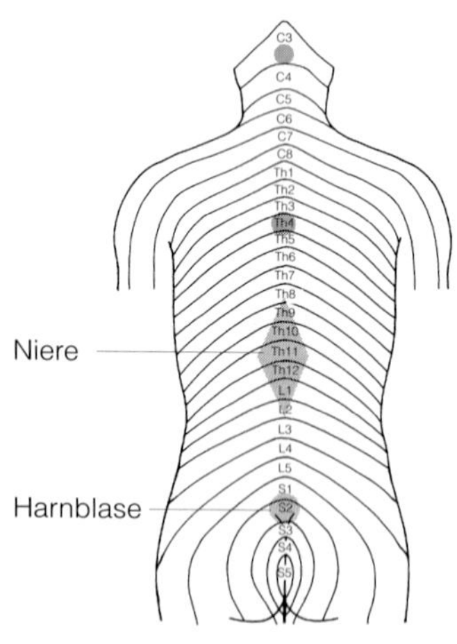

Abb. 35b dorsal

Niere:	Dermatome Maximalzone	Th8 - L3 Rautenförmige Zone unterhalb der Rippen auf der Mittellinie Th8 - L2
Harnblase:	Maximalpunkte Dermatome Maximalzone	C3 und Th4 L1 - L5 und S1, 2, 3 Kreisförmig auf der Mittellinie im Übergang vom Kreuzbein zum Steißbein

Ergänzende Untersuchung der Muskulatur

Muskuläre Verspannungen können auftreten am

- Zwerchfell
- M. psoas
- M. intercostalis 11/12
- M. quadratus lumborum
- M. trapezius
- M. rhomboideus
- M. transversus abdominis und den
- Beckenbodenmuskeln

Untersuchung auf Wechselwirkungen mit anderen Funktionskreisen und Strukturen

Nervensystem

Niere	- Sympathikus	Th10, 11, 12	N. splanchnicus minor
	- Parasympathikus	Co - 1 - 2 S2, 3, 4	N. vagus Nn. pelvini
Blase	- Sympathikus	L1, 2	N. splanchnicus lumbalis (Kontinenz = Blasenverschluss)
	- Parasympathikus	S2, 3, 4	Nn. pelvini (Miktion = Blasenöffnung)

Der Kremasterreflex zur Differentialdiagnose ist bei
- Appendizitis negativ
- Nierenbeschwerden positiv

Topographische Beziehungen

Niere	- Skeletal	Die Nieren liegen in Höhe der Wirbel Th11 - L3 und der 11. und 12. Rippe
	- Muskulär	Die Nieren liegen in einer Rinne, die durch den M. psoas und den M. quadratus lumborum gebildet wird. Eine Nierenerkrankung kann Einfluss auf beide Muskeln nehmen und umgekehrt. Der M. psoas hat Beziehung zu den Lendenwirbeln, zum Iliosakral- und zum Hüftgelenk, der M.iliacus zum Iliosakralgelenk und zum Hüftgelenk.

Topographische Beziehungen

Niere	- Muskulär	Die Nieren liegen in einer Faszienhülle (= Fascia perirenalis), die das Zwerchfell mit dem Os ilium verbindet. Zwerchfell: Insertion der Crus sinister und dexter des Zwerchfells bei Th12 - L3 Innervation durch den N. phrenicus C3 - 4
	- Viszeral	Die Nieren beeinflussen durch das Hormon Renin die Herzfunktion. Herzschmerzen projizieren sich auf die Dermatome Th3 - 4.
Harnblase	- Skeletal	Iliosakralgelenk Os coccygis Wirbelkörper L2 - 3 Os pubis
	- Muskulär	Beckenbodenmuskeln Bauchmuskeln
	- Viszeral	Uterus Kolon Zökum Rektum Peritoneum

Schmerzpunkte

Ein spezifischer Schmerzpunkt der Niere *(McBurney)* liegt zwischen der 11. und der 12. Rippe, lateral von der Paravertebralmuskulatur.

Ein weiterer Schmerzpunkt der Niere *(Guyon)* befindet sich unter der 12. Rippe, ebenfalls lateral vom M. paravertebralis.

Röntgen

Zum Ausschluss von Nierensteinen und anderen pathologischen Prozessen

Labor

Zum Ausschluss organischer Erkrankungen

Anmerkung

Eine Nierendysfunktion ist meist symptomlos. Wenn sie Krankheitserscheinungen auslöst, dann oft an anderer Stelle, z. B. kann eine Nephroptose Ursache einer Dysfunktion von Magen, Darm oder Harnblase sein.
Auch können Funktionsstörungen anderer Organe umgekehrt Nierendysfunktionen zur Folge haben.
Das wichtigste Ziel der Behandlung ist es, die Mobilität der Niere zu verbessern.

Direkter Hebegriff bei Nephroptose

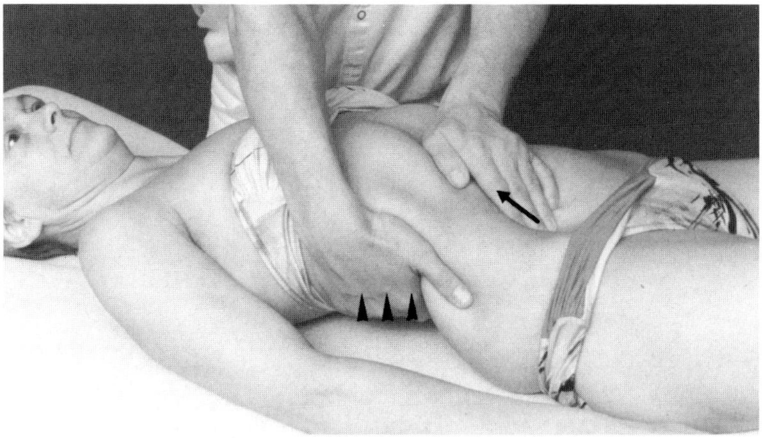

Abb. 36

Behandlung in Rückenlage

Indikation

Nephroptose.

Ausgangsstellung Patient

Der Patient liegt in negativer Schräglage (s. S. 14).
Die Beine sind angestellt.
Ein Kissen liegt unter dem Kopf.

Ausgangsstellung Therapeut

Der Therapeut steht auf der nicht behandelten Seite.
Die rechte Hand stützt die rechte Flanke des Patienten ab.
Die linke Hand liegt in der rechten Fossa iliaca an der Innenseite des Beckenkamms.
Die Fingerspitzen des 3. bis 5. Fingers liegen medial des Zökums, auf der Linie, die die beiden vorderen Darmbeinstachel verbindet.
Die Handfläche ist im epigastrischen Winkel unterhalb des Proc. xiphoideus.

Ausführung

Durch die Hand auf der Bauchdecke wird die Haut nach kaudal verschoben.
Während der Ausatmung Eindringen der Palpationshand in die Tiefe und Kontaktaufnahme mit dem unteren Nierenpol.
Während der nächsten Ausatmung wird die Niere nach kranial gezogen.
In der Einatmungsphase wird die Position beibehalten.
Der Vorgang wird 4- bis 5-mal wiederholt.
Die Behandlung schließt mit dem Ende einer Einatmung ab.

Anmerkung

Bei Behandlung der linken Niere nimmt man Kontakt mit der inneren Seite des Sigmas auf.

Effekt

Wiederherstellung der normalen Nierenmobilität.

Kombinierter Griff bei Nephroptose

Behandlung

in Rückenlage

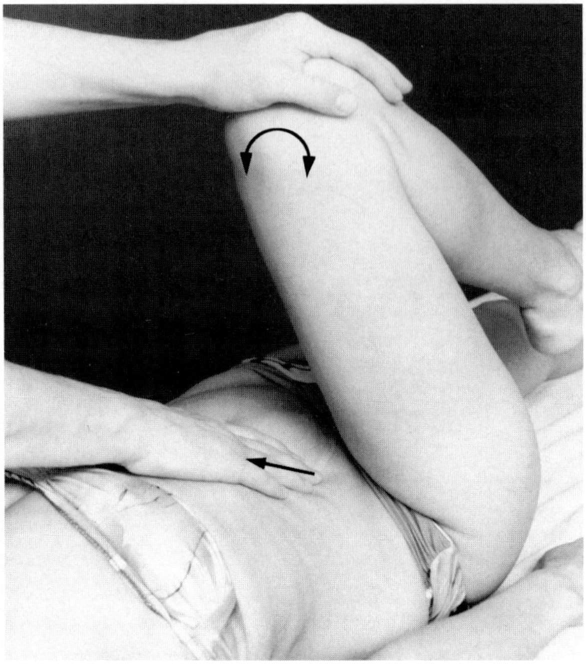

Abb. 37

Indikation

Ein- oder doppelseitige Nephroptose.

Ausgangsstellung Patient

Die Behandlungsliege wird in negative Schräglage eingestellt (s. S. 14).
Der Patient befindet sich in Rückenlage mit gebeugtem Hüft- und Kniegelenk auf der zu behandelnden Seite.
Ein Kissen liegt unter dem Kopf.

Ausgangsstellung Therapeut

Der Therapeut steht am Kopfende der Behandlungsliege.
Die Hand auf der Behandlungsseite nimmt Kontakt mit dem unteren (rechten) Nierenpol auf.
Die andere Hand umfasst das gebeugte Knie.

Ausführung

Bei abwechselnder Bewegung der Hüfte in Ab- und Adduktion wird das Hüftgelenk bei gleichmäßigem Ein- und Ausatmen langsam weiter in Flexion gezogen.
Die palpierende Hand auf der Bauchdecke zieht jedesmal bei Ausatmung die Niere hoch.
Der Vorgang wird 4- bis 5-mal wiederholt.

Effekt

Verbesserung der Nierenmobilität.

Fasziale Technik bei einer Nephroptose der rechten Seite

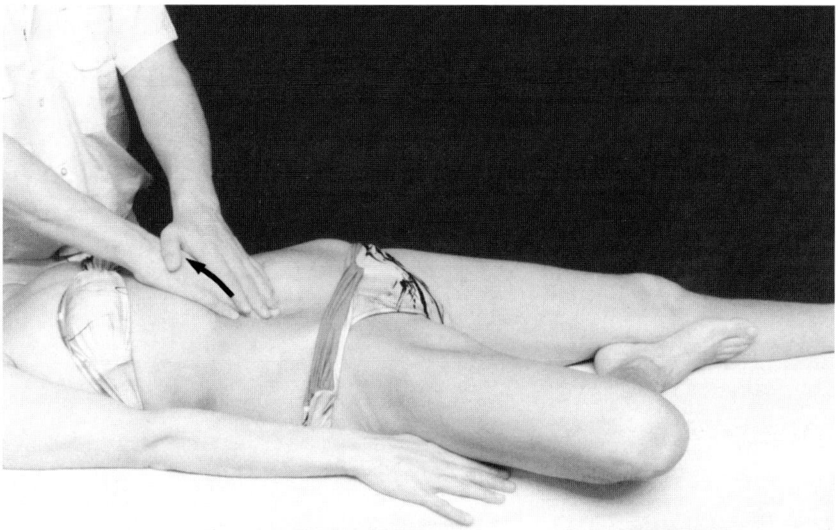

Abb. 38

Indikation

Nephroptose der rechten Niere.
Fasziale Verklebungen.
Adhäsionen im Nierenlager.

Ausgangsstellung Patient

Der Patient liegt in negativer Schräglage wie bei den vorigen Techniken (**Abb. 36** und **37**).
Ein Kissen liegt unter dem Kopf.
Das linke Bein ist gestreckt.
Das rechte Bein liegt in Abduktion, Flexion und Außenrotation der Hüfte.

Ausgangsstellung Therapeut

Der Therapeut steht seitlich vom Patienten auf der Gegenseite in Höhe der linken Schulter.
Beide Hände liegen übereinander auf der zu behandelnden Niere, die Fingerspitzen befinden sich am unteren Nierenpol.

Ausführung

Beide Hände bewegen die Niere nach kranial, in Richtung zur linken Schulter.
Am Ende der Hebung streckt der Patient langsam sein Bein aus, der Therapeut hält vibrierend diese Position der Niere aufrecht.

Effekt

Normalisierung der Nierenmobilität.
Dehnen der faszialen Verklebungen und/oder Lösen von Adhäsionen.

Dehnung der Ureter bei mobiler Nephroptose

Behandlung

in Rückenlage

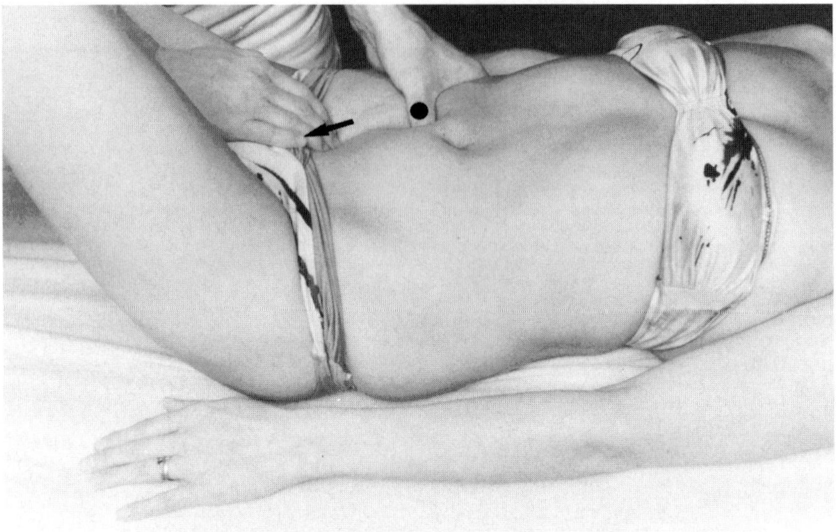

Abb. 39

Indikation

Verlust der Kontraktilität des Ureters infolge einer Nephroptose oder eines operativen Eingriffs.

Ausgangsstellung Patient

Der Patient liegt in negativer Schräglage (s. S. 14).
Die Beine sind im rechten Hüftgelenk um 20°, im linken Hüftgelenk um 90° gebeugt.
Zur muskulären Entspannung liegt ein Kissen unter dem Kopf.

Ausgangsstellung Therapeut

Therapeut steht auf der Behandlungsseite in Höhe des Beckens.
Die linke Hand fixiert die Niere; die Finger liegen dorsal, der Daumen ventral unter dem unteren Nierenpol.
Die drei mittleren Finger der anderen Hand liegen auf dem Ureter, ca. 4 cm von der Mittellinie, unterhalb der Verbindungslinie der beiden vorderen Darmbeinstachel entfernt.

Ausführung

Während der Ausatmung wird die Niere von der linken Hand in kraniale Richtung bewegt und fixiert.
Während der Atempause am Ende der Ausatmung streicht der Therapeut den Ureter in medio-kaudale Richtung aus.
Am Ende der Ausstreichbewegung hebt der Patient das Bein auf der Behandlungsseite an.
Danach entspannt er sich und atmet wieder ein.
Diese Ausstreichung des Ureters wird nur einmal pro Sitzung ausgeführt.

Effekt

Wiederherstellung der physiologischen Ureterfunktion.

Dehnung der Fascia perirenalis

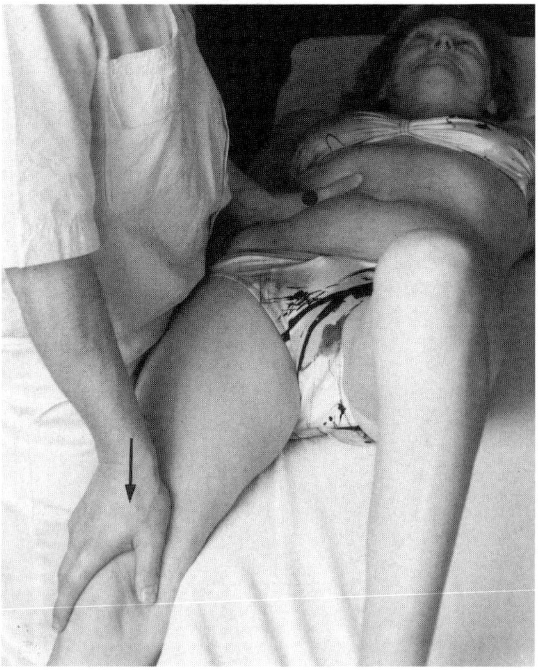

Abb. 40

Behandlung

in Rückenlage

Indikation

Verklebungen der Fascia perirenalis.

Ausgangsstellung Patient

Der Patient liegt in negativer Schräglage (s. S. 14), mit der zu behandelnden Seite am Rand der Behandlungsliege.
Das linke Bein ist gebeugt, der Fuß steht auf der Liege.
Das rechte Bein hängt seitlich neben der Liege herunter.
Ein Kissen liegt unter dem Kopf.

Ausgangsstellung Therapeut

Der Therapeut steht in Höhe des Beckens auf der zu behandelnden Seite.
Die rechte Hand liegt auf dem Oberschenkel des Patienten.
Die linke Hand liegt auf der rechten Seite des Brustkorbs, der Daumen fixiert den Rippenbogen.

Ausführung

Während der Einatmung folgt die linke Hand dem Rippenbogen nach kranial.
Bei der Ausatmung fixiert die Hand die Rippen in Inspiration.
Die rechte Hand drückt gleichzeitig den Oberschenkel nach unten und außen.

Effekt

Durch Lösen von Verklebungen wird die Elastizität wiederhergestellt.

Behandlung des Nierenhilus (Spatium pyelo-renalis)

Behandlung

in Seitenlage

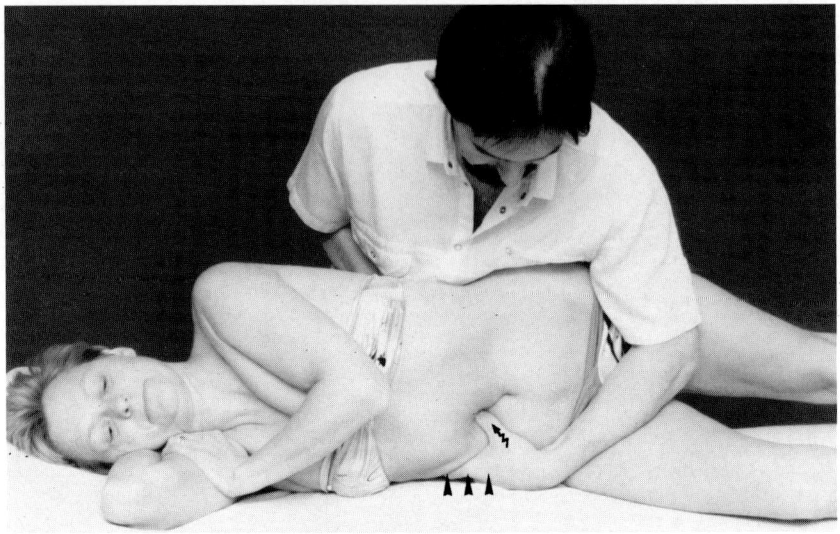

Abb. 41

Indikation

Niereninsuffizienz.
Verminderte Drainierung der Niere mit Ödembildung.
Nachbehandlung einer Nephritis.

Ausgangsstellung Patient

Der Patient befindet sich in der stabilen Seitenlage.

Ausgangsstellung Therapeut

Der Therapeut steht hinter dem Patienten.
Die linke Hand umfasst von ventral die auf dem Tisch liegende Flanke im Längsgriff.
Der linke Daumen dringt möglichst tief an der medialen Seite der Niere in die Bauchwand ein, so dass die Niere von Fingern und Daumen umfasst werden kann.
Die rechte Hand übt einen fixierenden Gegendruck von dorsal paravertebral aus.

Ausführung

Während der Ausatmung führt der Daumen auf der Innenseite der Niere vibrierende Friktionen aus.

Effekt

Verbesserung der Durchblutung und des Lymphabflusses aus der Niere.
Verklebungen werden gelöst.

Direkter Hebegriff bei Nephroptose (rechts)

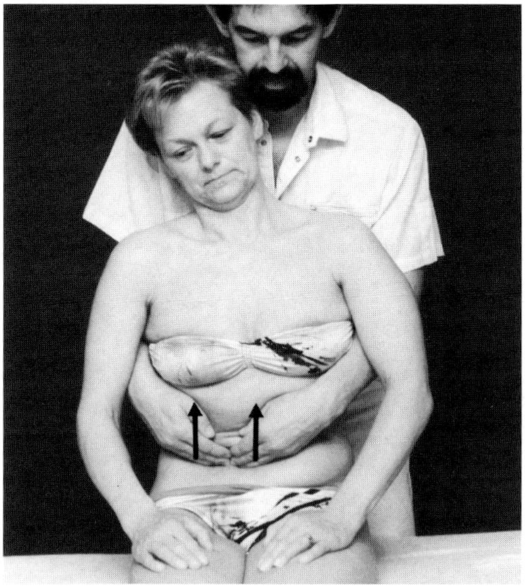

Abb. 42

Behandlung

im Sitzen

Indikation

Ein- oder doppelseitige Nephroptose.

Ausgangsstellung Patient

Entspannte Sitzhaltung, die Hände liegen auf den Oberschenkeln.

Ausgangsstellung Therapeut

Der Therapeut steht hinter dem Patienten.
Die Arme des Therapeuten umgreifen die Rippenbögen.
Die Finger beider Hände liegen eng nebeneinander und nehmen Kontakt mit dem unteren Nierenpol auf.

Ausführung

Im Anschluss an einen Hautvorschub nach kaudal dringen die Finger während der Ausatmung tiefer unter die Niere ein. Um das zu ermöglichen, lehnt sich der Patient nach hinten gegen den Therapeuten, so dass sich eine lumbale Kyphose mit Scheitelpunkt in Höhe des lumbosakralen Übergangs bildet.
Bei Hebung der Niere in kraniale Richtung wird gleichzeitig der Scheitelpunkt der Lumbalkyphose durch leichte Aufrichtung und Rückneigung des Patienten nach kranial zum thorakolumbalen Übergang verschoben.
Diese Position wird während der Einatmung beibehalten.
Weitere Korrekturen erfolgen während der nächsten Ausatmungsphasen.
Der Vorgang wird 4- bis 5-mal wiederholt.
Die Behandlung wird am Ende einer Einatmung abgeschlossen.

Effekt

Wiederherstellen der Mobilität.

Kombinierter Hebegriff (an der rechten Niere)

Behandlung

im Sitzen

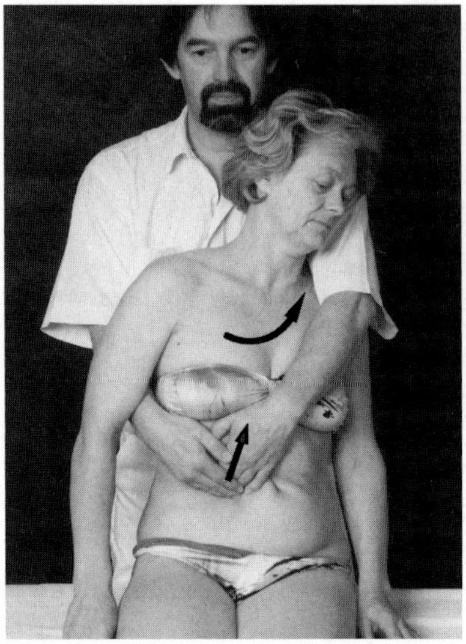

Abb. 43

Indikation

Ein- oder doppelseitige Nephroptose.
Verklebungen (Adhäsionen) nach Infektionen.
Postoperative Verklebungen nach Eingriffen im Unterbauch.

Ausgangsstellung Patient

Der Patient sitzt mit leicht gebeugtem Rücken an den Therapeuten angelehnt.

Ausgangsstellung Therapeut

Der Therapeut steht hinter dem Patienten.
Der rechte Arm greift unter der rechten Achsel durch, der linke Arm liegt über der linken Schulter des Patienten.
Die Fingerspitzen der übereinander liegenden Hände nehmen Kontakt mit dem unteren Nierenpol auf.

Ausführung

Das tiefere Eindringen unter die Niere bei Ausatmung und Bildung einer lumbosakralen Kyphose sowie das Heben der Niere erfolgen ebenfalls wie bei der vorigen Technik beschrieben.
Ebenso wird die Position während der Einatmung beibehalten.
Einziger Unterschied:
Die weiteren Korrekturen erfolgen bei der Ausatmung, mit gleichzeitiger Drehung des Rumpfes zur Gegenseite und in Extension.
Der Vorgang wird 4- bis 5-mal wiederholt.
Das Behandlungsende fällt ebenfalls mit dem Ende einer Einatmungsphase zusammen.

Effekt

Wiederherstellen der Nierenmobilität.
Lösen von Verklebungen.

Behandlung der Harnblase

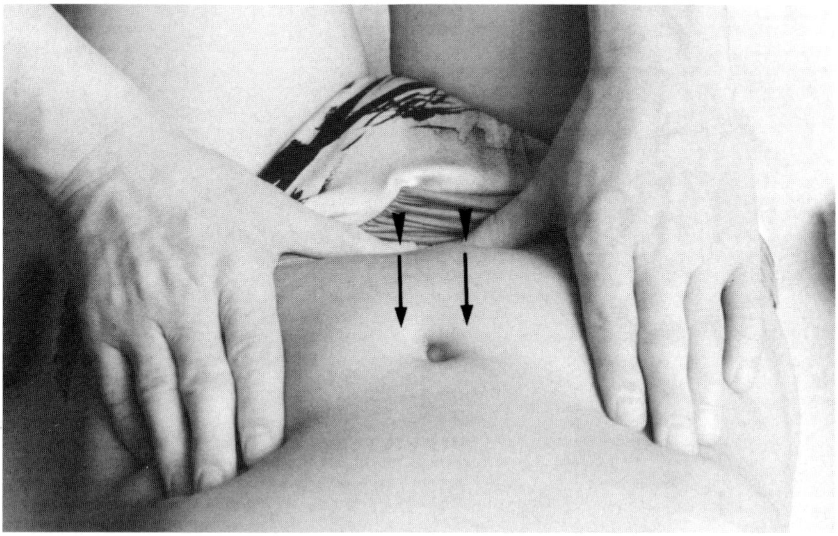

Abb. 44

Indikation

Enteroptose, insbesondere Senkung der Harnblase.
Inkontinenz.
Miktionsstörungen.

Ausgangsstellung Patient

Beide Beine werden zur Entspannung der Bauchdecke gebeugt, die Füße stehen auf der Untersuchungsliege.

Ausgangsstellung Therapeut

Der Therapeut steht seitlich in Höhe des Beckens dem Patienten gegenüber.
Beide Hände werden von kaudal auf den Unterbauch gelegt.
Die abgespreizten Daumen liegen unmittelbar oberhalb der Symphyse, parallel zu den Schambeinästen.

Ausführung

Die Daumen üben Druck nach dorsal und kranial aus.
Die Behandlung soll langsam ausgeführt und ca. alle 10 sec wiederholt werden, bis eine Entspannung des Gewebes erreicht ist.
Danach werden die übrigen Finger weiter nach kranial zum Nabel hin aufgelegt, die Behandlung wird fortgesetzt.

Effekt

Entspannung des Gewebes im Bereich der Harnblase.

Behandlung der Harnblase

Behandlung

im Sitzen

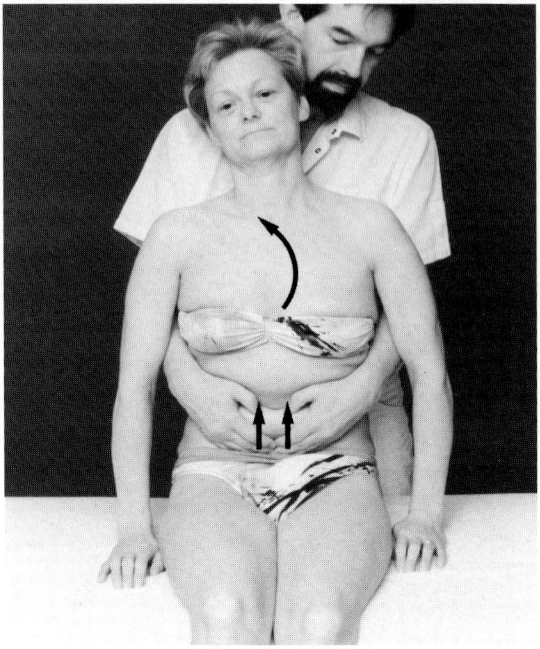

Abb. 45

Indikation

Enteroptose, vor allem Blasensenkung.
Inkontinenz.
Miktionsstörungen.

Ausgangsstellung Patient

Der Patient nimmt eine entspannte Sitzhaltung ein.
Der Rücken ist leicht gebeugt, die Hände liegen auf der Bank.

Ausgangsstellung Therapeut

Der Therapeut steht hinter dem Patienten.
Beide Arme umfassen von dorsal den Unterbauch des Patienten.
Die Finger werden genau über der Symphyse unter den Blasenhals gesetzt.

Ausführung

Die Finger üben einen Druck nach dorsal aus, um einen Fixationspunkt zu erhalten.
Dann wird der Patient aufgerichtet, so dass sich der Abstand Nabel – Symphyse vergrößert.
Durch die Fixation im Bereich des Blasenhalses tritt nun der Blasenscheitel höher.
Das Hochheben wiederholt man mehrere Male.
Je nachdem, wie hoch die Finger oberhalb der Symphyse angelegt wurden, kann sich die Wirkung auch auf höher gelegene Organe ausdehnen.

Anmerkung

Beide Techniken können mit einer Seitneigebewegung kombiniert werden, wodurch die Zugwirkung auf den Bandapparat der gegenüberliegenden Seite verstärkt wird.

Beispiele

1. Der Patient sitzt mit *Seitneigung* des Rumpfes nach links:
   Es wird eine größere Traktion auf der gegenüberliegenden (rechten) Seite des Apex vesicae und eine größere Traktion auf das rechtsseitige mediale Lig. umbilicale ausgeübt.

2. Der Patient befindet sich in *Rückenlage:*
   Eine Hand des Therapeuten wird auf die Linie zwischen Nabel und Symphyse gelegt.
   Die andere Hand bewegt die gebeugten Beine in einer Seitneige-Rotationsbewegung.
   Auch dabei wirkt ein stärkerer Zug auf die bewegungsabgewandte Seite ein.

Effekt

Jede Behandlung der Harnblase beeinflusst auch die urogenitalen Sphinkter der Prostata oder des Uterus.
Normalisierung des Harnblasentonus.
Lösen von Verklebungen im Harnblasenbereich.

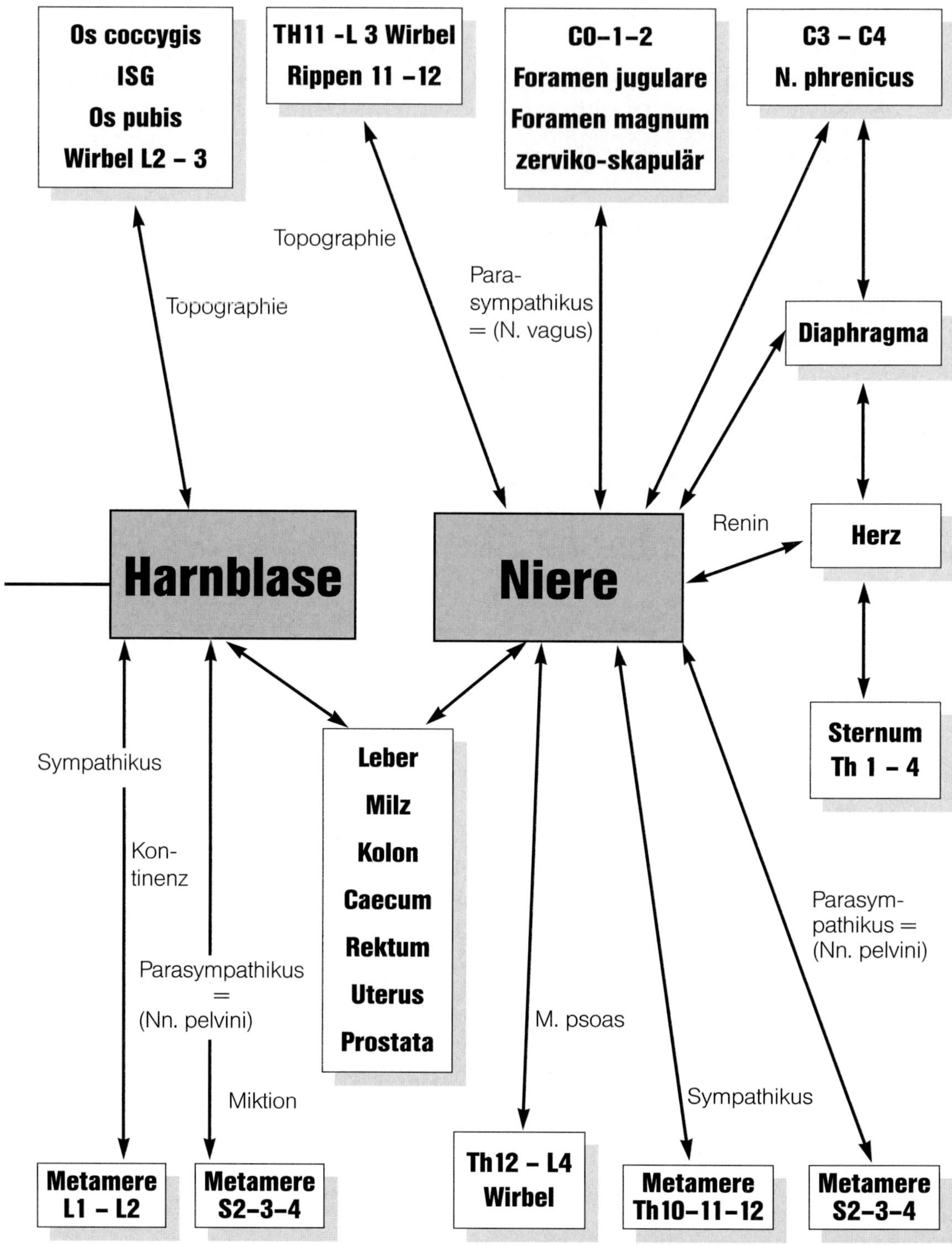
Os coccygis
ISG
Os pubis
Wirbel L2 – 3
TH11 -L 3 Wirbel
Rippen 11 –12
C0–1–2
Foramen jugulare
Foramen magnum
zerviko-skapulär
C3 – C4
N. phrenicus
Topographie
Topographie
Para-
sympathikus
= (N. vagus)
Diaphragma
Renin
Herz
Harnblase
Niere
Sternum
Th 1 – 4
Sympathikus
Kon-
tinenz
Leber
Milz
Kolon
Caecum
Rektum
Uterus
Prostata
Parasympathikus
=
(Nn. pelvini)
Miktion
M. psoas
Sympathikus
Parasym-
pathikus =
(Nn. pelvini)
Metamere
L1 – L2
Metamere
S2–3–4
Th12 – L4
Wirbel
Metamere
Th10–11–12
Metamere
S2–3–4

III Dickdarm

Anamnese

Organbeschwerden

- Blähungen
- Abdominale Schwellungen (Aszites)
- Diarrhö
- Obstipation
- Verdauungsstörungen
- Erbrechen
- Darmgeräusche
- Darmkrämpfe
- Operative Eingriffe oder Traumen im Bereich des Abdomens
- Sensibilitätsänderungen am Oberschenkel und Hoden (z. B. durch Steigerung des intraabdominellen Drucks auf N. femoralis und N. genito-femoralis)

Beschwerden am Bewegungsapparat

- Schmerzen im thorakolumbalen Übergang
- Schmerzen im lumbosakralen Übergang
- Schmerzen im Bereich der Iliosakralgelenke
- Entzündliche Gelenkerkrankungen

Untersuchung

Palpation

Gürteltest im Stehen

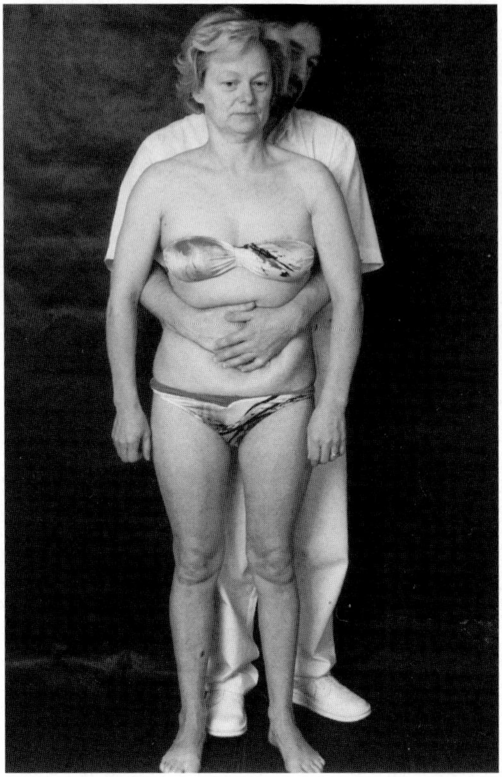

Abb. 46

Ausgangsstellung Patient Der Patient steht in entspannter Haltung.

Ausgangsstellung Therapeut Der Therapeut steht hinter dem Patienten und umfasst mit beiden Armen dessen Bauch, die Hände liegen flach auf der Bauchdecke.

Ausführung Der Therapeut drückt mit beiden Händen vorsichtig auf die Bauchdecke.

Aussage Der Test dient der Schmerzprovokation: Spannung und Druckempfindlichkeit des Abdomens werden diagnostiziert.

Diagnostische Palpation

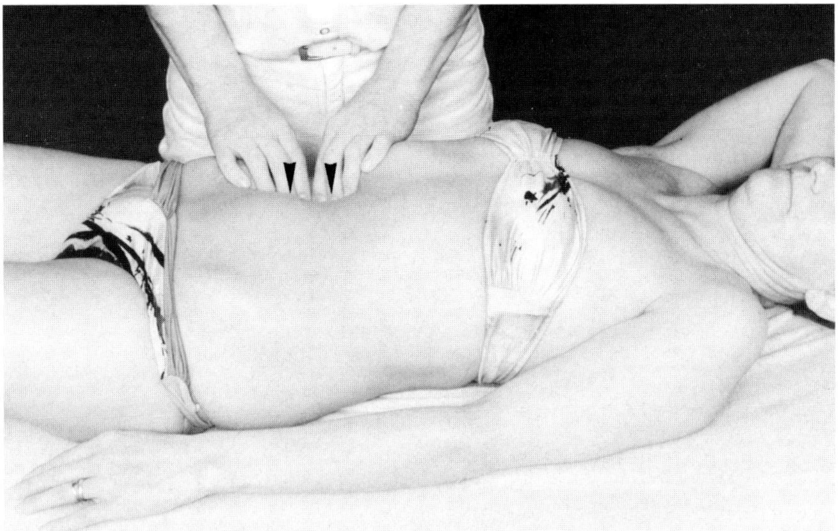

Abb. 47

Ausgangsstellung Patient

Der Patient befindet sich in Rückenlage.
Die Beine sind zur Entspannung der Bauchdecke im Hüft- und Kniegelenk etwas gebeugt.

Ausgangsstellung Therapeut

Der Therapeut steht an der Seite des Patienten.
Die Fingerspitzen beider Hände liegen zunächst flach, dann steiler auf der entspannten Bauchdecke.

Ausführung

Der Therapeut übt in wechselnder Stärke einen Druck auf die verschiedenen Regionen des Bauches aus.

Aussage

Tonusveränderungen von Dünn- und Dickdarm.
Schmerzprovokation.
Entdeckung schmerzhafter Resistenzen (Tumor).

Untersuchung

Mobilitätstest in Rückenlage

Mobilitätstest

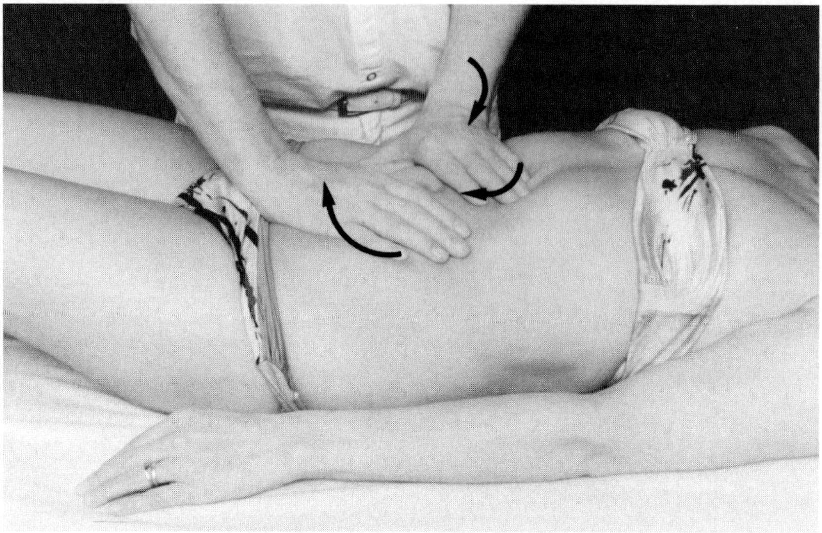

Abb. 48

Ausgangsstellung Patient
Rückenlage.
Die Beine sind zur Entspannung der Bauchdecke etwas gebeugt.

Ausgangsstellung Therapeut
Der Therapeut steht seitlich vom Patienten.
Beide Hände liegen flach auf dem Bauch.

Ausführung
Der Therapeut palpiert die Bewegung von Dünn- und Dickdarm.

Aussage
Die normale Darmbewegung (Peristaltik) läuft im Uhrzeigersinn ab. Veränderungen der Bewegung im Sinne von Richtungs- oder Rhythmusänderungen und/oder verminderte Beweglichkeit durch Verklebungen sind zu registrieren.

Bauchorgane

Die Perkussion kann Hinweise auf Funktionsänderungen der Bauchorgane geben. Folgende Befunde lassen sich erheben:

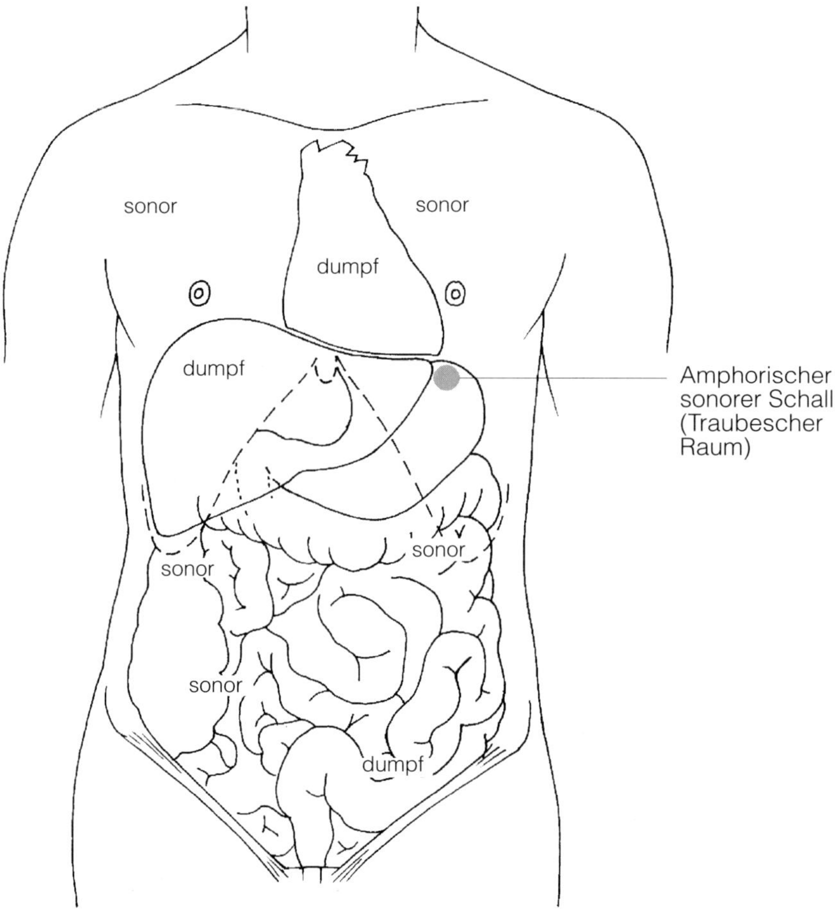

Abb. 49

Normal: Heller (sonorer) Klopfschall über dem Kolon, dumpfer Schall über Sigma und Rektum.

Gedämpfter Schall ist ein Zeichen für **Hypotonie.**

Hypersonorer Klopfschall ist ein Zeichen für **Hypertonie des Dickdarms.**

Amphorischer Klang ist ein Hinweis auf **Spasmen** im Bereich eines Sphinkters.

Untersuchung

ergänzend

Bindegewebszonen

Die Bindegewebszonen geben einen weiteren Hinweis auf das/oder die betroffenen inneren Organe. Die verminderte Verschieblichkeit von Haut und Unterhaut im Bereich dieser Zonen darf nicht mit verminderter Beweglichkeit von Darmabschnitten verwechselt werden.

Dermatome	Th9 - L2	
Maximalzone		
- Colon ascendens	Th10 rechts	- 1/4 Kreis rechts unter dem Nabel
- Zökum	Th11 - 12 rechts	- Innenseite des rechten Os ilii
- Colon descendens	Th11 - 12 links	- Zone von einer Fingerbreite von lateral oben nach medial unten
- Colon sigmoideum	Th12 links	
- Rektum	L1 links	quer durch die zugehörigen Dermatome

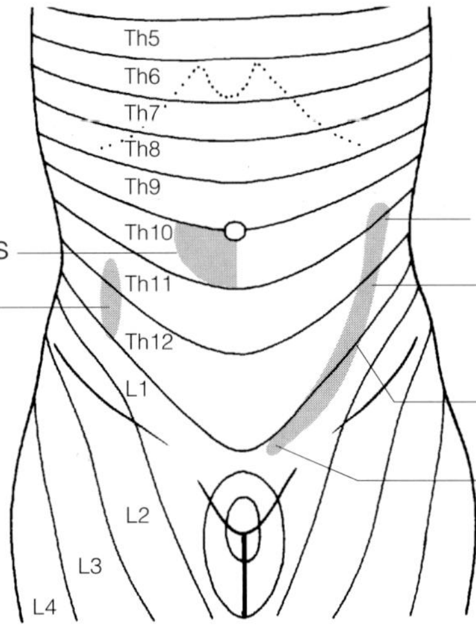

Abb. **50a** ventral

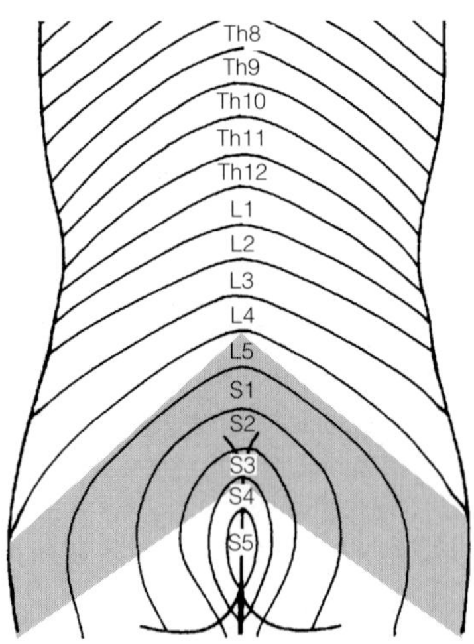

Abb. **50b** dorsal

Dermatome	L_5 - S_3	
Maximalzone		Bandförmige Zone von der lateralen Seite des Os sacrum bis zum Trochanter major (glutaeale Zone)

Muskulatur und Triggerpunkte

a) In folgenden Muskeln können bei Darmerkrankungen Verspannungen auftreten:
- Bauchmuskeln
- M. psoas
- Mm. intercostales 8 - 12
- M. paravertebralis im Bereich von Th11 - L5
- Beckenbodenmuskeln
- M. quadratus lumborum

b) Triggerpunkte (**Abb. 51**)

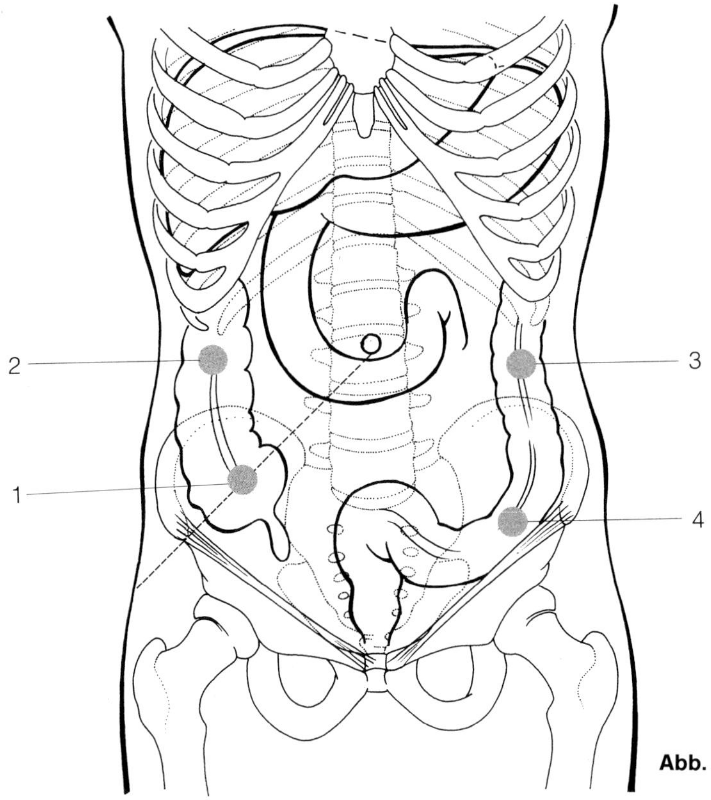

Abb. 51 Spezifische Dickdarmtriggerpunkte

1 Zökum	medial vom vorderen Darmbeinstachel auf der Linie Nabel - vorderer Darmbeinstachel
2 Colon ascendens	in der Mitte des Colon ascendens
3 Colon descendens	in der Mitte des Colon descendens
4 Colon sigmoideum	in der linken Fossa iliaca, oberhalb des Lig. inguinale

Untersuchung

Wechselwirkungen

Untersuchung auf Wechselwirkungen mit anderen Funktionskreisen und Strukturen

Bewegungsapparat

- Die Flexura hepatica hat ligamentäre Verbindungen mit der rechten 10. Rippe.
- Die Flexura splenica hat ligamentäre Verbindungen mit der linken 8. Rippe.

Nervensystem

Sympathikus		
- Zökum, Colon ascendens	Th10 - 12	N. splanchnicus minor
- Colon transversum	Th12 - L1	N. splanchnicus lumbalis
- Colon descendens, sigmoideum	L1 - 2	N. splanchnicus lumbalis
- Rektum	L1 - 2	N. splanchnicus lumbalis

Parasympathikus		
- Zökum, Colon ascendens	Co - 1 - 2	N. vagus
- Colon transversum	Co - 1 - 2	N. vagus
- Colon descendens, sigmoideum	S2 - 4	Nn. pelvini
- Rektum	S2 - 4	Nn. pelvini

Der Kremasterreflex zur Differentialdiagnose ist bei

- Appendizitis negativ
- Nierenerkrankungen positiv

Topographische Beziehungen

- Muskulär	zum Zwerchfell	Th12 - L3 C3 - 4	 N. phrenicus
	zur Bauchwand		
- Viszeral	Magen Nieren Leber Milz Dünndarm Uterus Blase Prostata		

Röntgen/Labor

Zur Diagnose von Stukturveränderungen und Organerkrankungen.

Vorbereitende Massage und Vibrationstechniken am Dickdarm

Behandlung

in Rückenlage

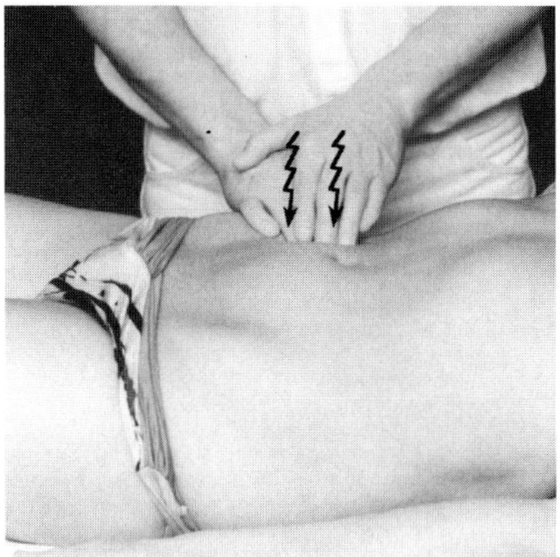

Abb. 52a

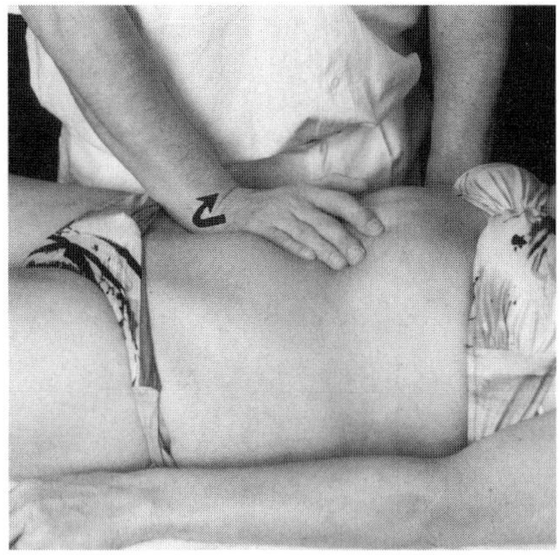

Abb. 52b

Indikation

Kolonspasmen.
Sphinkterspasmen (z. B. Pylorus).
Druckempfindliches Kolon (Plexus solaris).
Peristaltikstörungen im Kolon.

Ausgangsstellung Patient

Die Beine sind zur Entspannung der Bauchdecke leicht gebeugt. Ein Kissen liegt unter dem Kopf.

Ausgangsstellung Therapeut

Der Therapeut steht seitlich vom Patienten.

Ausführung

a) Oberflächliche entspannende Massage (**Abb. 52a**)

Die beiden Hände werden nebeneinander oder übereinander gelegt. Die Fingerspitzen beider Hände führen einen leichten vibrierenden Druck auf die (empfindlichen) Zonen des Abdomens aus.

b) Tiefe entspannende Massage (**Abb. 52b**)

Die Handwurzel der dorsalflektierten Hand liegt auf der Bauchdecke. Die Hand führt eine tiefe zirkuläre Massage aus.
Sie wird begonnen am Ileo-zökalen Übergang und geht weiter in Richtung der Darmperistaltik zum Rektum.

Effekt

Entspannung von Kolon- und Sphinkterspasmen.
Stimulierung der Darmperistaltik.
Schmerzlindernd.

Generelle abdominelle Behandlung (Das „Totale abdominelle Manöver“)

Behandlung

in Rückenlage

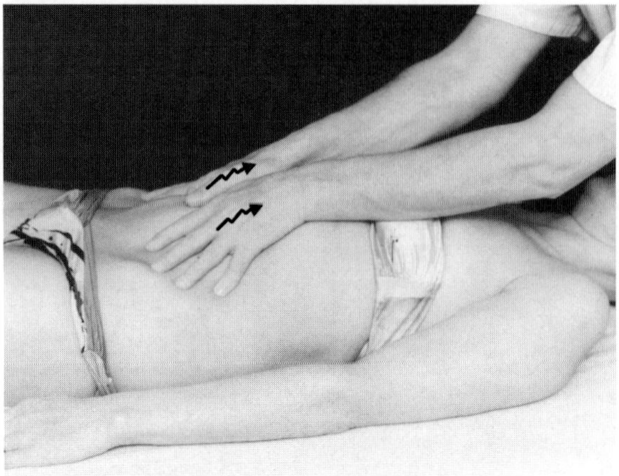

Abb. 53

Indikation

Beginn jeder viszeralen Behandlung.
Viszerale Ptosen.
Abdominelle Schwellung durch Elastizitätsverlust.
Peristaltikstörungen.

Ausgangsstellung Patient

Der Patient liegt in negativer Schräglage (s. S. 14).
Die Beine sind zur Entspannung der Bauchdecke gebeugt.
Ein Kissen liegt unter dem Kopf.

Ausgangsstellung Therapeut

Der Therapeut steht am Kopfende des Patienten.
Die Handgelenke liegen auf den Rippenbögen.
Die Finger sind nach kaudal und lateral gerichtet.
Die Mittelfinger nehmen beiderseits Kontakt mit den vorderen Darmbeinstacheln auf. Die Daumen liegen übereinander.

Ausführung

Während der Ausatmung gehen die Hände atemsynchron mit der Bauchdecke nach kaudal, wobei die Fingerspitzen zur Symphyse hin einen Hautvorschub bewirken.
Während der Einatmung wird das unter den Händen liegende „viszerale Paket“ mit beiden Händen nach kranial gezogen.
Hierbei führen die Hände in leichter Supinationsstellung eine vibrierende Bewegung nach kranial aus.
Während der Ausatmung wird die erreichte Stellung beibehalten.

Effekt

Bei der Ausatmung bewirkt diese Behandlung eine Korrektur im Sinne einer Elevation des Darmes (und anderer Bauchorgane).
Bei der Einatmung bewirkt die erreichte Korrektur eine Kompression im „viszeralen Paket“.
Stimulierende Wirkung auf die Durchblutung der Bauchorgane und der unteren Extremitäten; das Zwerchfell mobilisierend.

Kaudale abdominelle Behandlung (Das „Kaudale abdominelle Manöver")

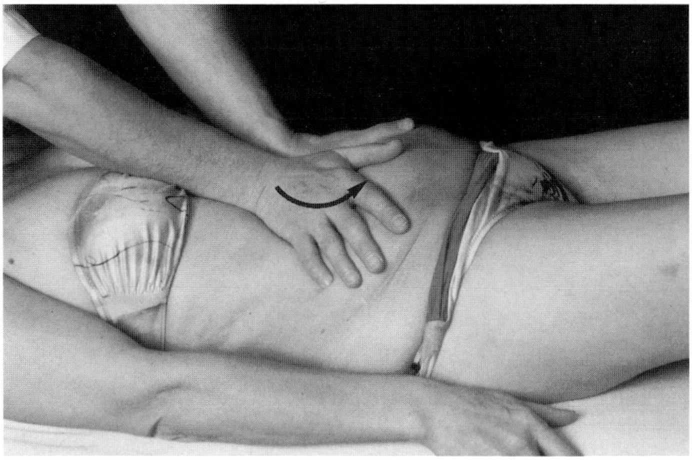

Abb. 54

Behandlung

in Rückenlage

Indikation

Zu Anfang und am Ende jeder viszeralen Behandlung.
Abdominelle Schwellungen.
Peristaltikstörungen.

Ausgangsstellung Patient

Der Patient befindet sich in Rückenlage.
Die Beine sind zur Entspannung der Bauchdecke im Hüft- und Kniegelenk etwas gebeugt.
Ein Kissen liegt unter dem Kopf.

Ausgangsstellung Therapeut

Der Therapeut steht am Kopfende des Patienten.
Die Handgelenke und Daumenballen liegen auf dem Epigastrium.
Die Daumen liegen nebeneinander.
Die gespreizten Finger sind nach kaudal und lateral gerichtet.
Die Arme des Therapeuten sind gestreckt.

Ausführung

Hautverschiebung nach kranial.
Während der Ausatmung wird das unter den Händen liegende „viszerale Paket" nach dorsal und kaudal gedrückt.
In der darauf folgenden Apnoephase wird dieser Druck 7 bis 10 sec gehalten. Während der folgenden Einatmung wird der Druck erhöht.
Der Vorgang wird einmal wiederholt.
Am Ende atmet der Patient ruhig ein und aus, während der Therapeut den Druck seiner Hände langsam zurücknimmt (ca. 20 sec).

Effekt

Stimulierende Wirkung auf die Durchblutung der Bauchorgane und der unteren Extremitäten.
Entspannung der Bauchorgane.

Medio-kaudale abdominelle Behandlung (Das „Medio-kaudale abdominelle Manöver")

Behandlung

in Rückenlage

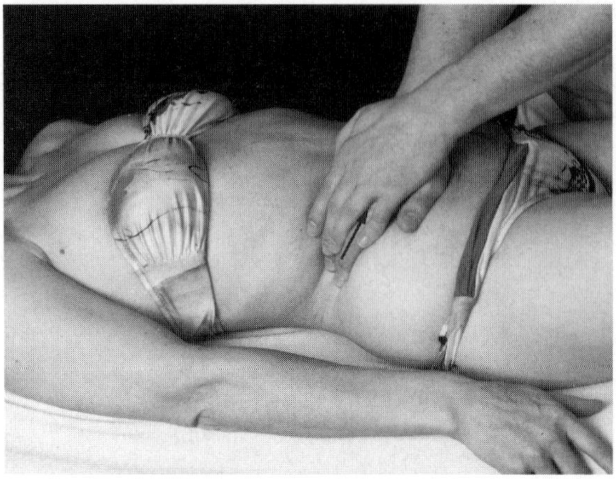

Abb. 55

Indikation

Abdominelle Schwellungen.
Peristaltikstörungen.
Passagestörungen des Kotons.

Ausgangsstellung Patient

Der Patient nimmt eine entspannte Rückenlage ein, die Arme ruhen neben dem Körper.
Die Beine sind zur Entspannung der Bauchdecke leicht gebeugt.
Ein Kissen liegt unter dem Kopf.

Ausgangsstellung Therapeut

Der Therapeut steht in Höhe der Hüftgelenke des Patienten auf der gegenüberliegenden Seite.
Die Finger der übereinandergelegten Hände befinden sich kaudal des unteren Rippenbogens.
Die Arme des Therapeuten sind gestreckt.

Ausführung

Während der Ausatmung wird das unter den Händen liegende „viszerale Paket" nach medio-kausal gezogen.
In der darauf folgenden Apnoephase wird dieser Zug 7 bis 10 sec gehalten. Während der folgenden Einatmung wird der Zug verstärkt.
Der Vorgang wird einmal wiederholt.
Am Ende atmet der Patient ruhig ein und aus, während der Therapeut den Zug seiner Hände langsam löst (ca. 20 sec).

Effekt

Stimulierende Wirkung auf die Durchblutung der lateralen Bauchorgane und der unteren Extremitäten.
Entspannung der Bauchorgane.

Medio-kraniale abdominelle Behandlung (Das „Medio-kraniale abdominelle Manöver")

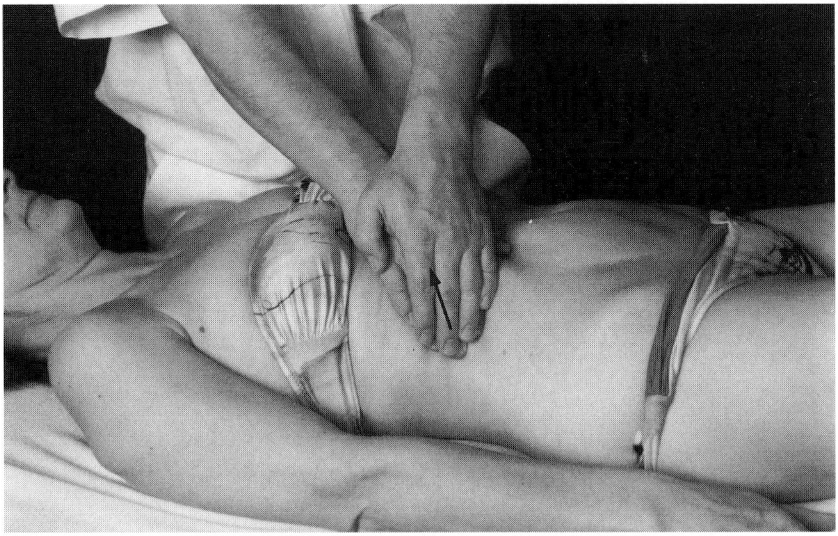

Abb. 56

Behandlung

in Rückenlage

Indikation

Abdominelle Schwellungen.
Peristaltikstörungen.
Passagestörungen des Kotons.

Ausgangsstellung Patient

Der Patient nimmt eine entspannte Rückenlage ein, die Arme ruhen neben dem Körper.
Die Beine sind zur Entspannung der Bauchdecke leicht gebeugt.
Ein Kissen liegt unter dem Kopf.

Ausgangsstellung Therapeut

Der Therapeut steht in Schulterhöhe des Patienten auf der gegenüberliegenden Seite.
Die übereinandergelegten Hände befinden sich auf dem unteren Rippenbogen.
Die Arme des Therapeuten sind gestreckt.

Ausführung

Während der Ausatmung werden die untersten Rippen nach mediokranial gedrückt. In der darauf folgenden Apnoephase wird dieser Druck 7 bis 10 sec gehalten. Während der folgenden Einatmung wird der Druck verstärkt. Der Vorgang wird einmal wiederholt.
Am Ende atmet der Patient ruhig ein und aus, während der Therapeut den Druck seiner Hände langsam zurücknimmt (ca. 20 sec).

Effekt

Stimulierende Wirkung auf die Durchblutung der lateralen Bauchorgane und der unteren Extremitäten.
Entspannung der Bauchorgane.

Kraniale abdominelle Behandlung (Das „Kraniale abdominelle Manöver“)

Behandlung

in Rückenlage

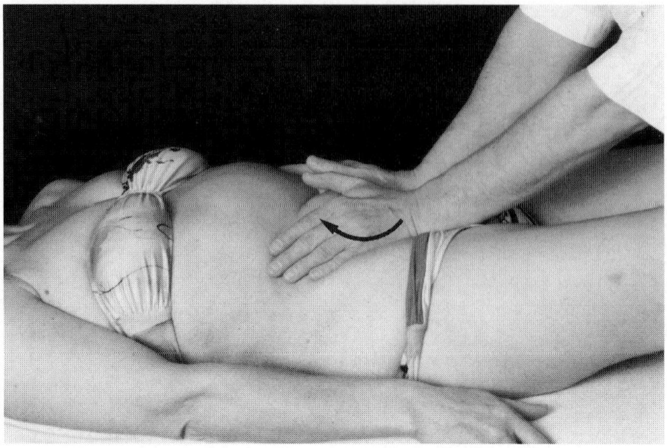

Abb. 57

Indikation

Zu Anfang und am Ende jeder viszeralen Behandlung.
Viszerale Ptosen.
Abdominelle Schwellungen.
Peristaltikstörungen.

Ausgangsstellung Patient

Der Patient befindet sich in Rückenlage.
Die Beine sind zur Entspannung der Bauchdecke im Hüft- und Kniegelenk etwas gebeugt.
Ein Kissen liegt unter dem Kopf.

Ausgangsstellung Therapeut

Der Therapeut steht auf der linken Seite in Kniehöhe dem Patienten zugewandt.
Die Handballen beider Hände liegen über der Symphyse auf der Bauchdecke.
Die Daumen liegen nebeneinander.
Die Finger sind gespreizt und nach kranial-lateral gerichtet.
Die Arme des Therapeuten sind gestreckt.

Ausführung

Hautverschiebung nach kaudal.
Während der Ausatmung wird das unter den Händen liegende „viszerale Paket“ nach dorsal und kranial gedrückt.
In der darauf folgenden Apnoephase wird dieser Druck 7 bis 10 sec gehalten. Während der folgenden Einatmung wird der Druck erhöht.
Der Vorgang wird einmal wiederholt.
Am Ende atmet der Patient ruhig ein und aus, während der Therapeut den Druck seiner Hände langsam zurücknimmt (ca. 20 sec).

Effekt

Stimulierende Wirkung auf die Durchblutung der Bauchorgane und der unteren Extremitäten.
Entspannung der Bauchorgane.

Abschnittweise abdominelle Behandlung

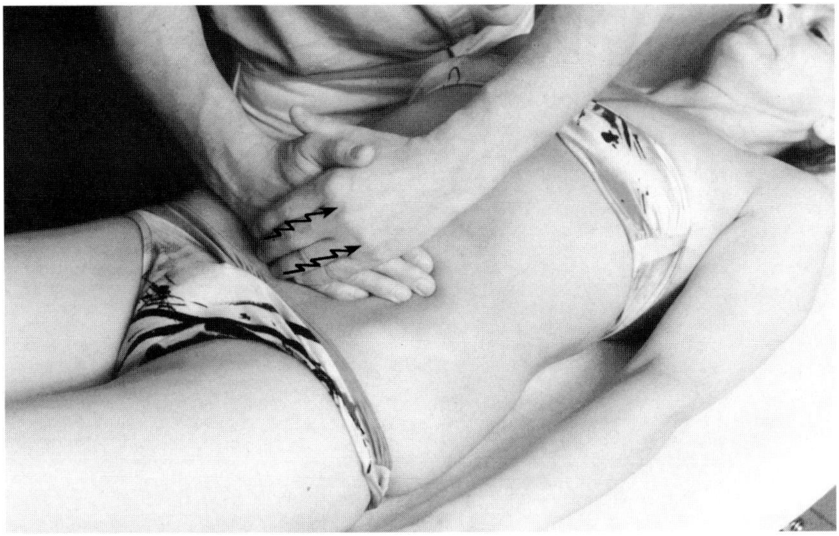

Abb. 58

Behandlung

in Rückenlage

Indikation

Viszerale Ptosen.
Verminderte abdominelle Durchblutung.

Ausgangsstellung Patient

Der Patient liegt in negativer Schräglage (s. S. 14).
Die Beine sind zur Entspannung der Bauchdecke gebeugt.
Ein Kissen liegt unter dem Kopf.

Ausgangsstellung Therapeut

Der Therapeut steht seitlich vom Patienten in Höhe des Schultergürtels.
Die rechte Hand liegt schalenförmig am Oberrand der Symphyse.
Die Handfläche zeigt nach kranial, die laterale Handkante drückt die Bauchdecke nach dorsal.
Die linke Hand liegt auf der rechten Hand und unterstützt diese.
Die Daumen sind ineinander verhakt.

Ausführung

Hautverschiebung nach kaudal.
Die Hände schieben das „viszerale Paket" vibrierend nach kranial.
Diese Position wird kurz gehalten und dann plötzlich losgelassen.
Das Ganze wird dann in einem höher gelegenen Abschnitt wiederholt.

Effekt

Stimulierende Wirkung auf die Durchblutung der Bauchorgane und der unteren Extremitäten.
Tonisierung der Bauchorgane.

Behandlung des ileozökalen Triggerpunktes

Behandlung

in Rückenlage

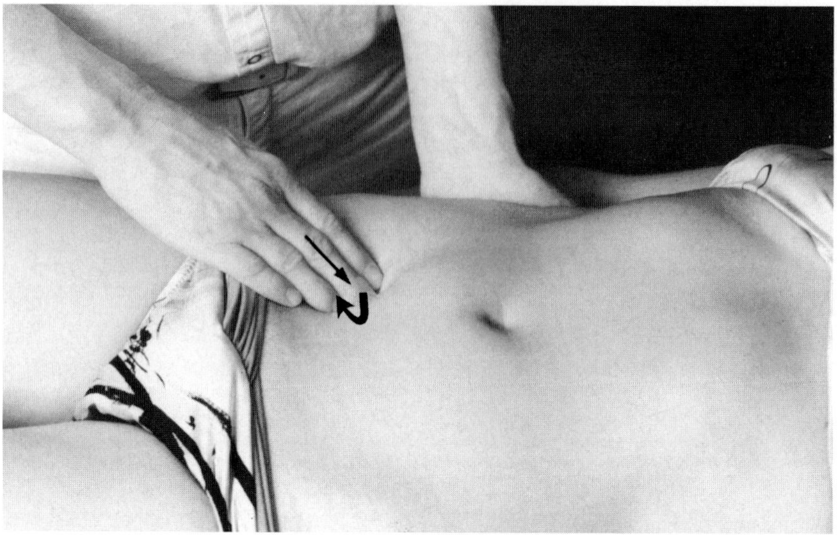

Abb. 59

Indikation

Hypertoner und schmerzhafter Ileozökalsphinkter. Peristaltikstörungen im Sinne von Obstipation (gastro-zöko-rektaler Reflex).

Ausgangsstellung Patient

Der Patient befindet sich in negativer Schräglage.
Die Beine sind zur Entspannung der Bauchdecke gebeugt.
Ein Kissen liegt unter dem Kopf.

Ausgangsstellung Therapeut

Der Therapeut steht in Höhe des Beckens, dem Patienten zugewandt.
Die linke Hand liegt unter dem rechten Rippenbogen.
Die Fingerspitzen der rechten Hand liegen auf dem ileozökalen Übergang.
Die Finger zeigen nach kranial.

Ausführung

Die rechte Hand führt eine zirkulierende entspannende Massage aus.

Anmerkung

Dieselbe Behandlung wird an den Triggerpunkten von Pylorus, Gallenblase, Plexus solaris, Sphincter Oddi und am duodenojejunalen Übergang vorgenommen.

Effekt

Entspannung der Sphinkter.
Diese Technik führt man solange durch, bis eine Entspannung eintritt und der Triggerpunkt verschwindet.
Beeinflussen des gastro-zöko-rektalen Reflexes zur Stimulierung der Darmperistaltik.

Zökum

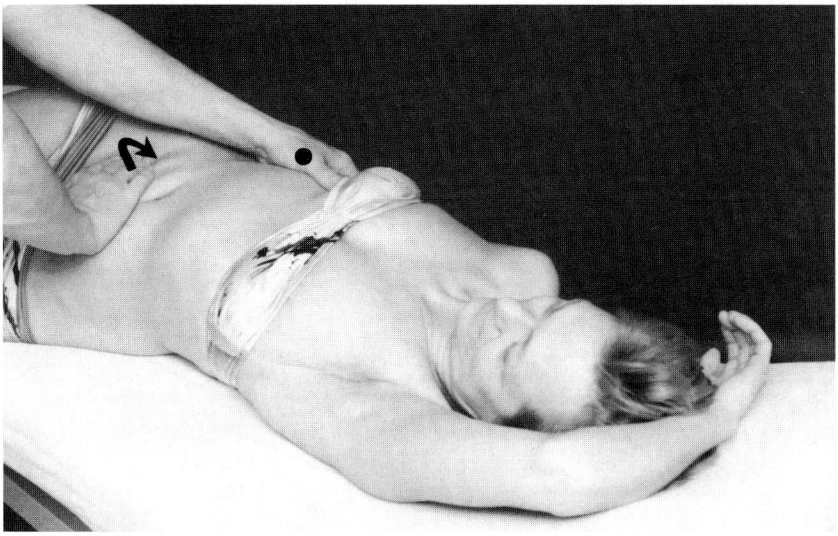

Abb. 60

Behandlung

in Rückenlage

Indikation

Peristaltikstörungen im Bereich des ileozökalen Übergangs.
Postoperative Adhäsionen (z. B. nach Appendektomie).
Zökumspasmen.

Ausgangsstellung Patient

Der Patient befindet sich in Rückenlage.
Der rechte Arm liegt neben dem Körper, die Hand hält sich an der Liegenkante fest.
Die linke Hand des elevierten Armes liegt über dem Kopf.
Die Beine sind in Hüft- und Kniegelenk gebeugt und nach links rotiert.

Ausgangsstellung Therapeut

Der Therapeut steht an der linken Seite des Patienten.
Seine Knie stützen die Kniegelenke des Patienten ab.
Die linke Hand fixiert den rechten Rippenbogen auf der Unterlage.
Die Finger der rechten Hand liegen auf dem Zökum.

Ausführung

Während der Ausatmung wird in der Entspannung ein zirkulierender, vibrierender Druck etwas nach kranial in Richtung des Kolons ausgeübt. Die Technik wird weitergeführt, bis eine Entspannung eintritt.

Effekt

Entspannung des Zökumbereichs.

Zökumbeweglichkeit (Flexion) auf dem Kolon

Behandlung

in Rückenlage

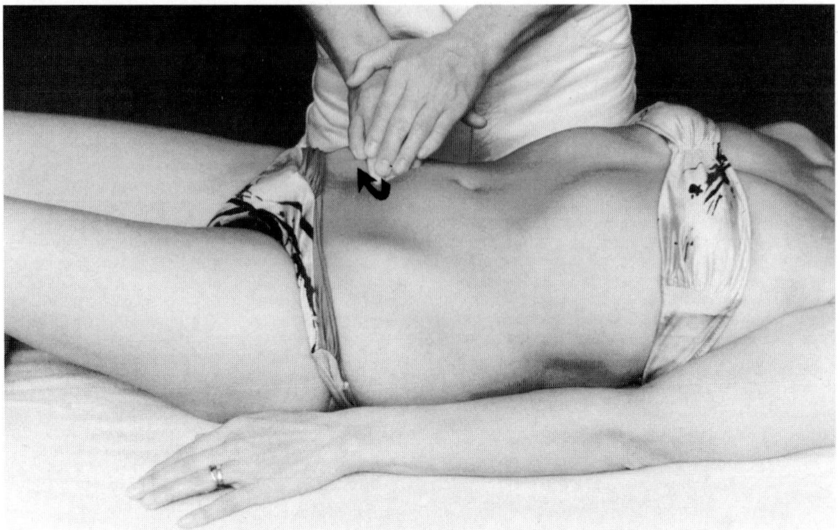

Abb. 61

Indikation

Verklebungen infolge operativer Eingriffe oder entzündlicher Prozesse im Zökumbereich.

Ausgangsstellung Patient

Der Patient liegt in negativer Schräglage (s. S. 14).
Die Beine sind zur Entspannung der Bauchdecke leicht gebeugt.
Die Hände liegen entspannt neben dem Körper.

Ausgangsstellung Therapeut

Der Therapeut steht auf der rechten Seite des Patienten.
Die übereinandergelegten Hände liegen mit den Fingerspitzen in der Fossa iliaca lateral vom Zökum.

Ausführung

Die Haut wird nach medial verschoben.
Die Fingerspitzen der unten liegenden Hand haken sich an der Innenseite des Zökums ein; die Hände führen eine leichte Rotationsbewegung nach lateral und kaudal aus.

Effekt

Lösen von Verklebungen.
Entspannung der Zökumregion.
Durchblutungsförderung.

Behandlung des nach innen verdrehten Colon ascendens

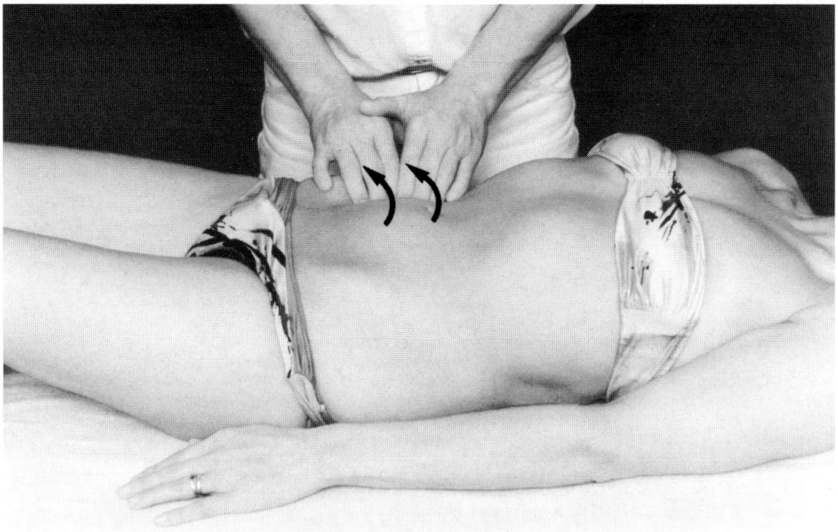

Abb. 62

Verminderte Beweglichkeit des Colon ascendens nach außen.	**Indikation**
Der Patient liegt in negativer Schräglage (s. S. 14). Die Beine sind zur Entspannung der Bauchdecke leicht gebeugt.	**Ausgangsstellung Patient**
Der Therapeut steht auf der rechten Seite des Patienten. Beide Hände liegen nebeneinander, in der Fossa iliaca lateral vom Colon ascendens.	**Ausgangsstellung Therapeut**
Die Haut wird nach medial verschoben. Die Fingerspitzen haken sich an der Innenseite des Colon ascendens ein. Das Colon ascendens wird nach außen gerollt.	**Ausführung**
Beweglichkeitsverbesserung des Colon ascendens nach außen.	**Effekt**

Behandlung des nach außen verdrehten Colon ascendens

Behandlung

in Rückenlage

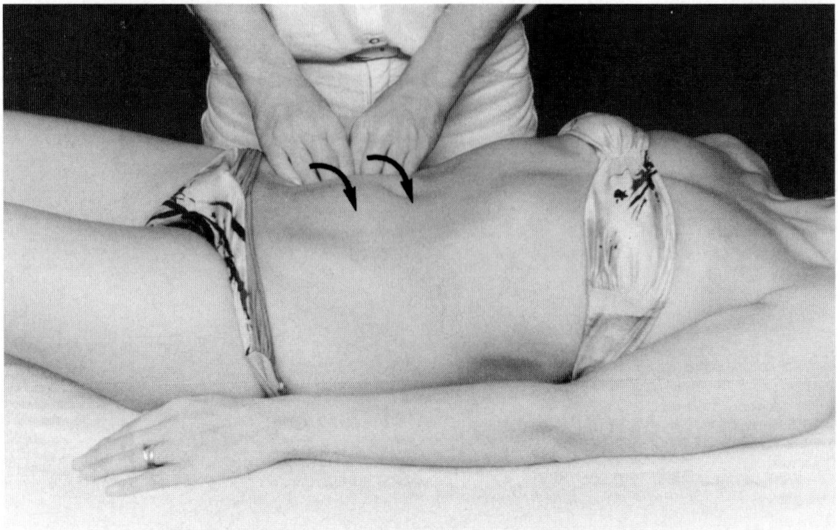

Abb. 63

Indikation
Verminderte Beweglichkeit des Colon ascendens nach innen.

Ausgangsstellung Patient
Der Patient liegt in negativer Schräglage (s. S. 14).
Die Beine sind zur Entspannung der Bauchdecke etwas gebeugt.

Ausgangsstellung Therapeut
Der Therapeut steht auf der rechten Seite des Patienten.
Beide Hände liegen nebeneinander in der Fossa iliaca, aber jetzt medial vom Colon ascendens.

Ausführung
Die Haut wird nach lateral verschoben.
Die Fingerspitzen haken sich an der Außenseite des Colon ascendens ein.
Die Hände rollen das Colon ascendens nach innen.

Effekt
Beweglichkeitsverbesserung des Colon ascendens nach innen.

Ileozökale Invagination

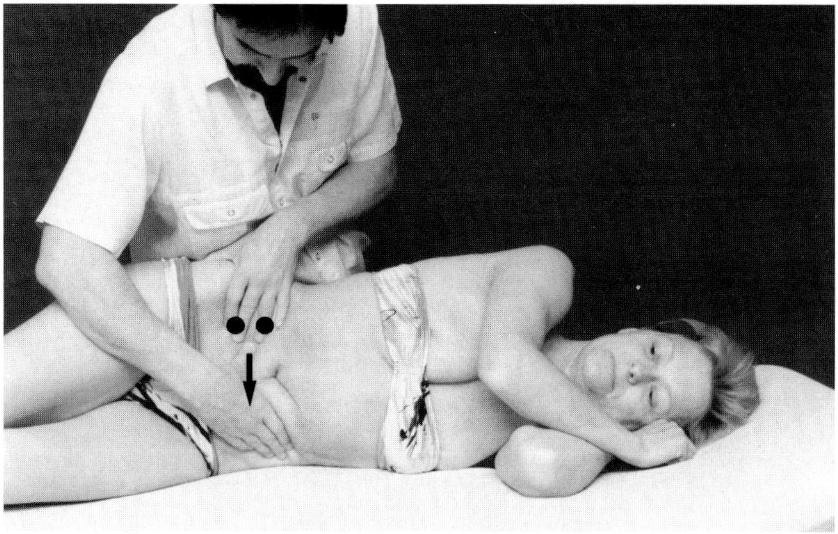

Abb. 64

Behandlung

in Seitenlage

Indikation

Ileozökale Invagination (Darmeinstülpung).

Ausgangsstellung Patient

Der Patient liegt in stabiler Seitenlage.
Die Beine sind zur Entspannung der Bauchdecke leicht gebeugt.

Ausgangsstellung Therapeut

Der Therapeut steht dorsal vom Patienten.
Die kraniale linke Hand umfasst die rechte Flanke des Patienten, die Finger fixieren in V-Form ventral das Zökum, der abgespreizte Daumen stützt die Hand ab.
Die kaudale rechte Hand liegt unter dem Nabel, auf dem rechten Unterbauch.
Die rechte Hand zieht das „viszerale Paket" nach oben.
Der rechte Daumen befindet sich zwischen Ring- und Mittelfinger der linken Hand.
Der Daumen fixiert dabei den ileozökalen Übergang.

Ausführung

Der rechte Daumen zieht das Ileum aus dem Zökum.
Die Zugrichtung ist medial-dorsal.
Die rechte Hand hält dabei das Gewicht des „viszeralen Pakets".

Effekt

Verbesserung der Passage im Bereich des ileozökalen Sphinkters.
Entspannung des Sphinkters.

Zökokolische Invagination

Behandlung

in Rückenlage

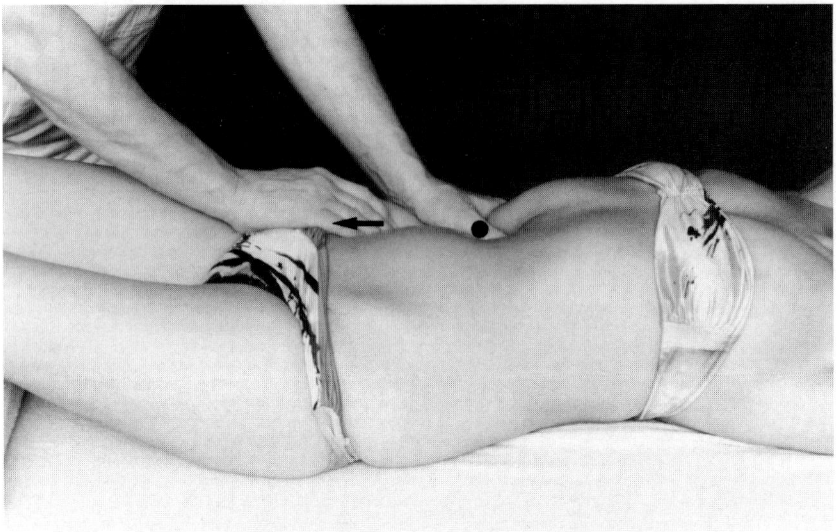

Abb. 65

Indikation

Beweglichkeitseinschränkung und Schmerzhaftigkeit bei der Palpation des Zökums.

Ausgangsstellung Patient

Der Patient liegt in negativer Schräglage (s. S. 14).
Die Beine sind zur Entspannung der Bauchdecke gebeugt.

Ausgangsstellung Therapeut

Der Therapeut steht auf der zu behandelnden rechten Seite in Höhe der Kniegelenke, dem Patienten zugewandt.
Die linke Hand fixiert das Colon ascendens von lateral, der Daumen liegt ventral, die Finger befinden sich auf der Dorsalseite.
Die Fingerspitzen der rechten Hand liegen auf dem ileozökalen Übergang.

Ausführung

Während der apnoischen Pause am Ende der Ausatmung übt die rechte Hand im Anschluss an eine Hautverschiebung nach kranial eine kaudale Traktion auf das Zökum aus.

Effekt

Entspannung der Triggerpunkte des Zökums und des Colon ascendens.
Lösen von Verklebungen.

Behandlung des Colon ascendens

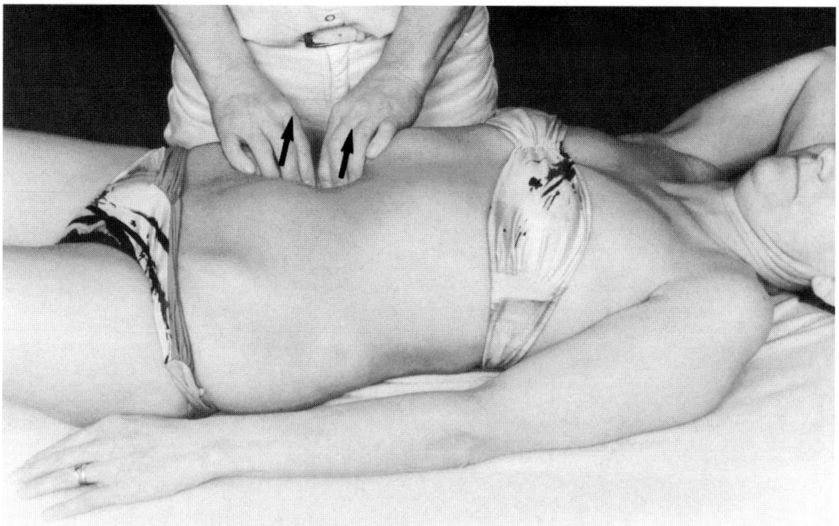

Abb. 66

Indikation

Beweglichkeitseinschränkung und Schmerzhaftigkeit bei der Palpation des Colon ascendens.
Blähungen.

Ausgangsstellung Patient

Der Patient befindet sich in negativer Schräglage (s. S. 14).
Die Beine sind zur Entspannung der Bauchdecke gebeugt.

Ausgangsstellung Therapeut

Der Therapeut steht an der zu behandelnden rechten Seite des Patienten.
Beide Hände liegen auf der rechten Flanke, die rechte Hand auf der Fossa iliaca.

Ausführung

Beide Hände verschieben zuerst die Haut nach innen.
Dann haken sich die Finger an der Innenseite des Kolons ein und ziehen es nach außen.

Effekt

Entspannung der Triggerpunkte des Colon ascendens.
Lösen von Verklebungen und damit Verbesserung der Beweglichkeit.

Rechter Colon-transversum-Anteil

Behandlung

in Rückenlage

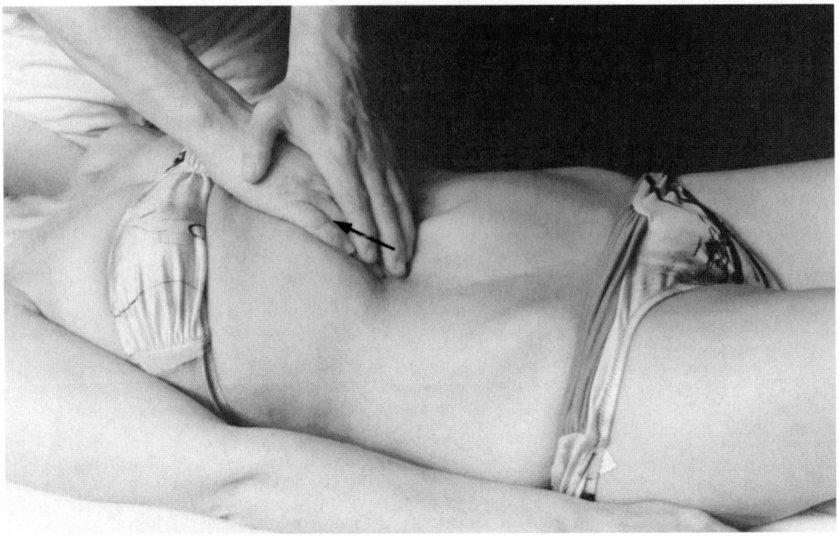

Abb. 67

Indikation

Passagestörungen durch eine Verengung der Flexura hepatica, z. B. als Folge einer Leberptose oder Leberschwellung.

Ausgangsstellung Patient

Der Patient befindet sich in der negativen Schräglage (s. S. 14). Die Beine sind zur Entspannung der Bauchdecke gebeugt.

Ausgangsstellung Therapeut

Der Therapeut steht seitlich vom Patienten am Kopfende der Behandlungsliege. Die Fingerspitzen der übereinandergelegten Hände werden an den Unterrand des Colon transversum gelegt.
Die Hände stützen sich an den Rippenbögen ab.

Ausführung

Zunächst wird die Haut nach rechts lateral verschoben.
Dann haken sich die Fingerendglieder an der Außenseite des Colon transversum ein und üben einen Zug zur gegenüberliegenden Schulter aus.

Effekt

Vergrößerung des Winkels zwischen Colon ascendens und Colon transversum.
Dadurch Verbesserung der Darmpassage.

Linker Colon-transversum-Anteil

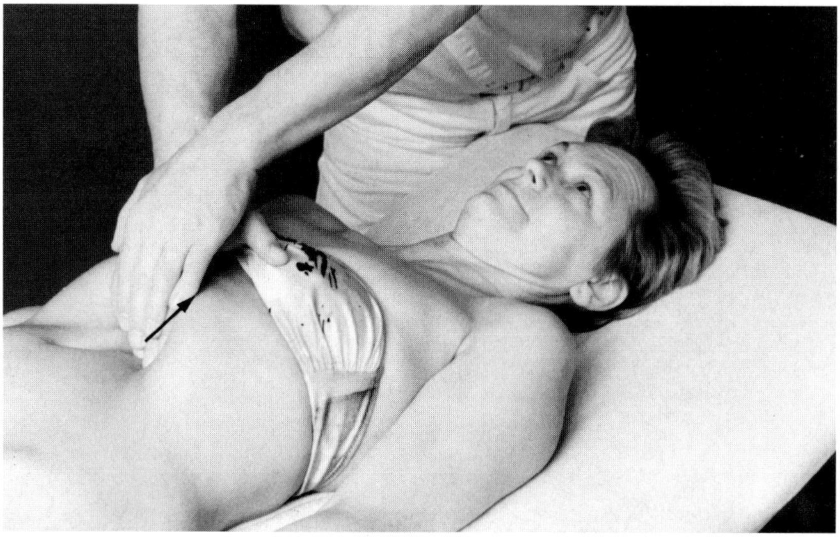

Abb. 68

Indikation

Passagestörungen durch Verengung der Flexura lienalis, z. B. als Folge einer Magenptose.

Ausgangsstellung Patient

Der Patient liegt in negativer Schräglage (s. S. 14). Die Beine sind zur Entspannung der Bauchdecke gebeugt.

Ausgangsstellung Therapeut

Der Therapeut steht seitlich vom Patienten am Kopfende der Behandlungsliege.
Die Fingerspitzen der übereinandergelegten Hände liegen zwischen Nabel und lateraler Bauchwand am Unterrand des Colon transversum etwa in Höhe der 8. Rippe.

Ausführung

Die Haut wird nach links lateral verschoben.
Die Fingerspitzen haken sich an der Außenseite des Colon transversum ein und üben einen Zug zur gegenüberliegenden Schulter aus.

Effekt

Vergrößerung des Winkels zwischen Colon transversum und Colon descendens.
Verbesserung der Darmpassage.

Kolo-sigmoidale Invagination

Behandlung

in Rückenlage

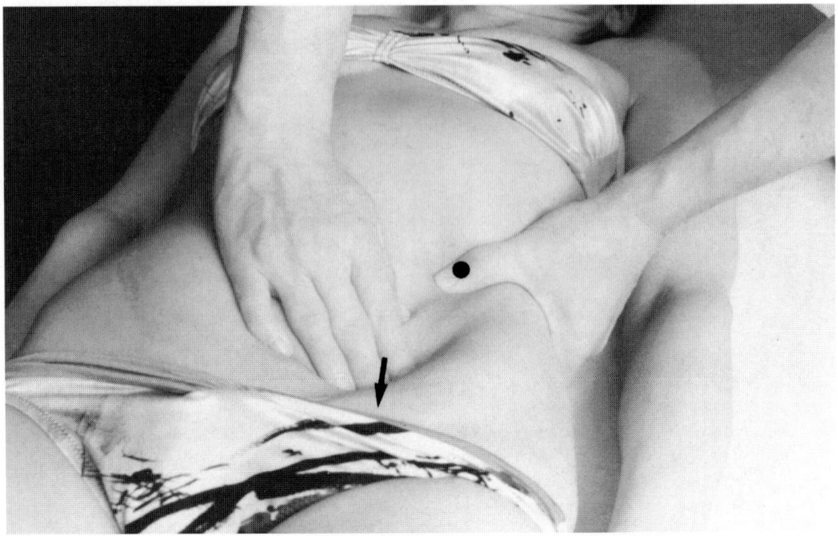

Abb. 69

Indikation

Beweglichkeitseinschränkung zusammen mit Schmerzhaftigkeit bei der Palpation des Colon sigmoideum.

Ausgangsstellung Patient

Der Patient befindet sich in negativer Schräglage (s. S. 14). Die Beine sind zur Entspannung der Bauchdecke gebeugt.

Ausgangsstellung Therapeut

Der Therapeut steht am Kopfende der Behandlungsliege in Höhe der linken Schulter des Patienten.
Die linke Hand fixiert die Flexura lienalis unterhalb des Rippenbogens.
Die Finger liegen posterolateral, der Daumen ventral auf der Bauchdecke.
Die rechte Hand liegt mit nach kaudal gerichteten Fingerspitzen über der Sigmaschlinge.

Ausführung

Zuerst wird die Haut mit der rechten Hand nach kranial verschoben. Während der Apnoe am Ende der Ausatmung übt die rechte Hand einen Zug auf das Colon sigmoideum in kaudale und laterale Richtung aus.
Die Behandlung wird am Ende einer Einatmung abgeschlossen.

Effekt

Entspannung der Triggerpunkte des Colon sigmoideum und descendens.
Lösen von Verklebungen.

Heben des Colon sigmoideum

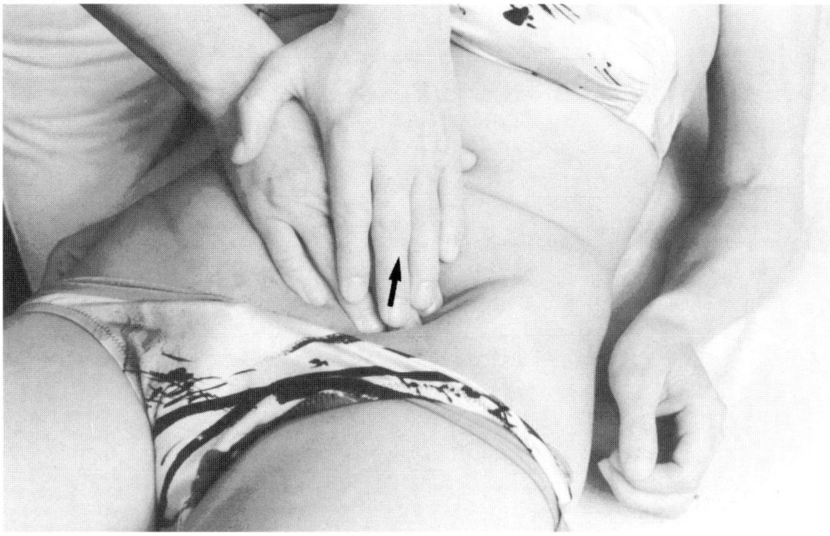

Abb. 70

Behandlung

in Rückenlage

Indikation

Passagestörungen durch Verkleinerung des rektosigmoidalen Winkels.
Defäkationsstörungen (Obstipation, Diarrhö).
Rektumprolaps.

Ausgangsstellung Patient

Der Patient liegt auf dem Rücken.
Die Beine sind zur Entspannung der Bauchdecke leicht gebeugt.
Durch Abstützen auf den Ellbogen wird der Oberkörper etwas aufgerichtet, um auch dadurch die Bauchdecke zu entspannen.

Ausgangsstellung Therapeut

Der Therapeut steht auf der rechten Seite des Patienten.
Die Fingerspitzen der übereinander gelegten Hände liegen in der linken Fossa iliaca, unterhalb der Sigmaschlinge.

Ausführung

Nach Hautvorschub in kaudaler Richtung dringen die Fingerspitzen während der Ausatmung tiefer unter die Sigmaschlinge.
Während der nächsten Ausatmung wird das Colon sigmoideum nach kranial in Richtung der rechten Schulter gezogen.

Effekt

Vergrößerung des Winkels zur Verbesserung der Darmpassage.
Entspannung im Bereich des Colon sigmoideum.
Einwirkungsmöglichkeit auf einen Rektumprolaps infolge Schwäche des Beckenbodens.

Heben des Rektums

Behandlung

in Rückenlage

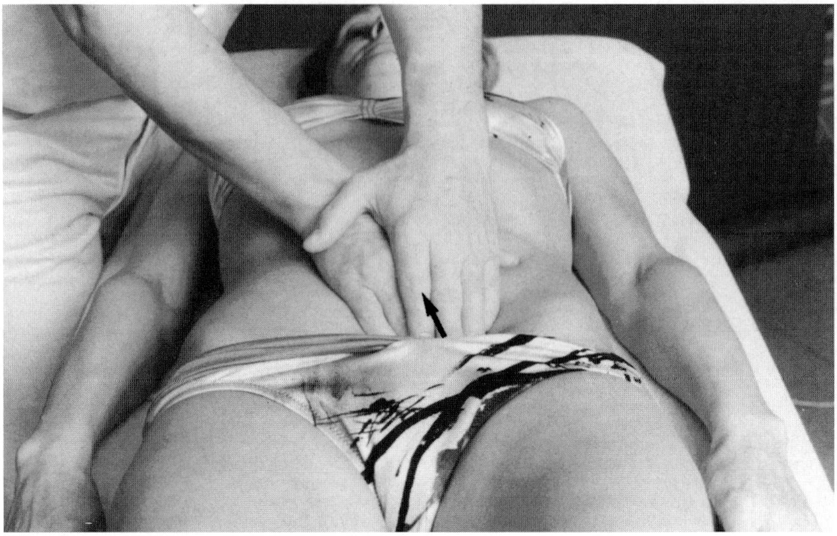

Abb. 71

Indikation

Defäkationsstörungen (Obstipation, Diarrhö).
Rektumprolaps.

Ausgangsstellung Patient

Der Patient befindet sich in negativer Schräglage (s. S. 14).
Die Beine sind zur Entspannung der Bauchdecke leicht gebeugt.

Ausgangsstellung Therapeut

Der Therapeut steht seitlich vom Patienten in Höhe der rechten Schulter.
Die beiden Hände liegen übereinander auf dem Unterbauch.
Die Finger sind nach kaudal und etwas nach links zum Rektum gerichtet.

Ausführung

Zuerst wird die Haut nach kaudal verschoben.
Während der Ausatmung dringen die Fingerkuppen kaudal tiefer ein und ziehen das Rektum während der nächsten Ausatmung nach kranial zur rechten Schulter hin.

Effekt

Stimulierung des Analreflexes zur Regulierung des Stuhlgangs.
Entspannung im Bereich des Rektums.
Einwirkung auf einen Rektumprolaps.

Heben der Flexura hepatica (Flexura coli dextra)

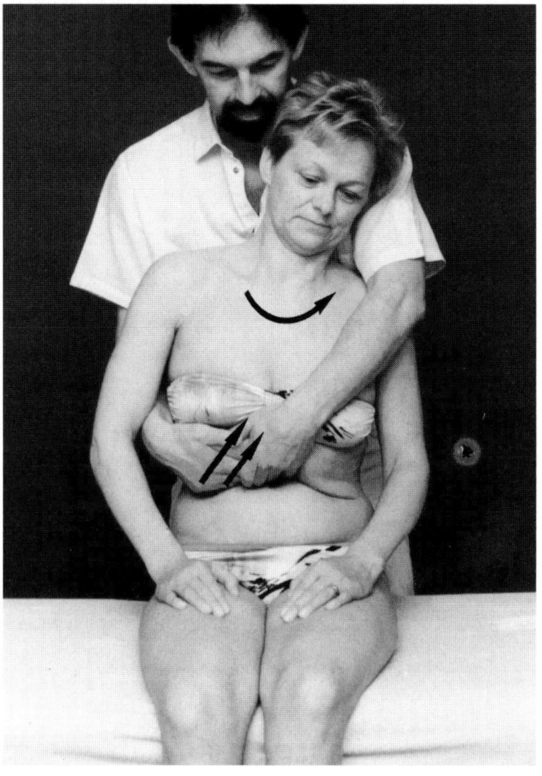

Abb. 72

Behandlung

im Sitzen

Indikation

Darmpassagestörungen durch eine Verengung der Flexura hepatica, z. B. als Folge einer Leberptose oder Leberschwellung.

Ausgangsstellung Patient

Der Patient sitzt mit gebeugtem Rücken an den Therapeuten gelehnt.

Ausgangsstellung Therapeut

Der Therapeut steht hinter dem Patienten.
Der rechte Arm ergreift unter der rechten Achsel durch, der linke Arm über die linke Schulter den rechten Rippenbogen des Patienten. Die Fingerspitzen der übereinander liegenden Hände dringen unter dem rechten Rippenbogen in den Bauchraum ein.

Ausführung

Während einer Ausatmung führen beide Hände einen Zug in kraniomediale Richtung aus.

Effekt

Vergrößerung des Winkels zwischen Colon ascendens und Colon transversum und damit Verbesserung der Darmpassage.

Heben der Flexura splenica (Flexura coli sinistra)

Behandlung

im Sitzen

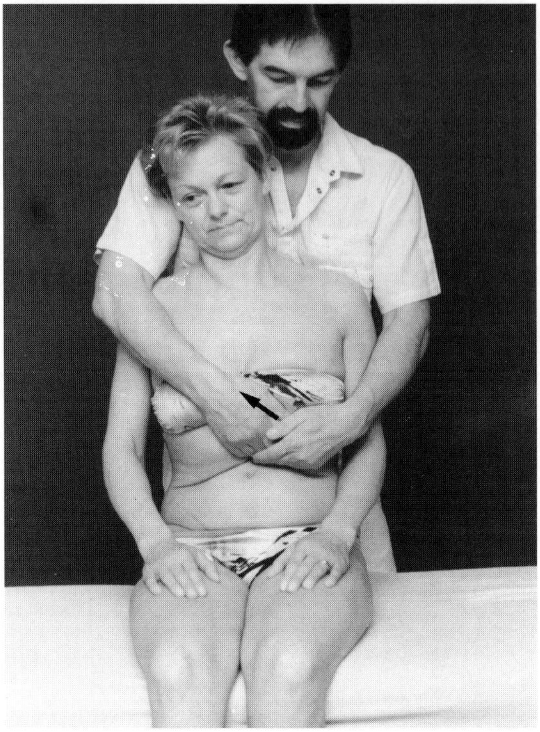

Abb. 73

Indikation

Passagestörungen durch eine Verengung der Flexura lienalis, z.B. als Folge einer Magensenkung.

Ausgangsstellung Patient

Der Patient sitzt mit leicht gebeugtem Rücken an den Therapeuten angelehnt.

Ausgangsstellung Therapeut

Der Therapeut steht hinter dem Patienten.
Der rechte Arm ergreift über die rechte Schulter, der linke Arm über den linken Oberarm den linken Rippenbogen des Patienten.
Die Finger beider Hände liegen übereinander.
Die Fingerspitzen der rechten Hand dringen unter dem Rippenbogen in den Bauchraum ein.

Ausführung

Während der Ausatmung führen beide Hände einen Zug in kraniolaterale Richtung aus.

Effekt

Vergrößerung des Winkels zwischen Colon transversum und Colon descendens, wodurch die Darmpassage verbessert wird.

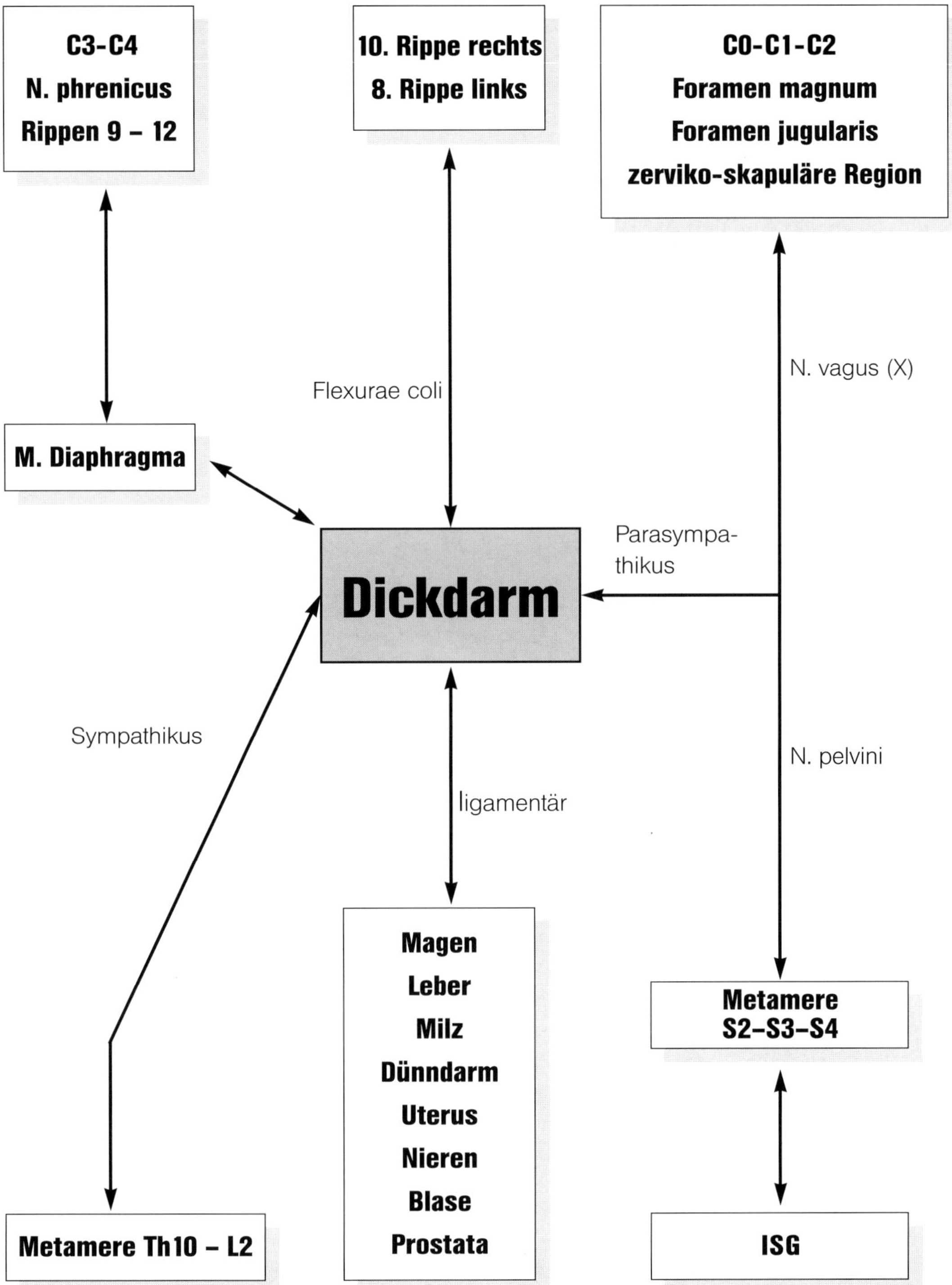
C3-C4
N. phrenicus
Rippen 9 – 12
10. Rippe rechts
8. Rippe links
C0-C1-C2
Foramen magnum
Foramen jugularis
zerviko-skapuläre Region
Flexurae coli
N. vagus (X)
M. Diaphragma
Parasympathikus
Dickdarm
Sympathikus
N. pelvini
ligamentär
Magen
Leber
Milz
Dünndarm
Uterus
Nieren
Blase
Prostata
Metamere S2–S3–S4
Metamere Th10 – L2
ISG

Untersuchung

IV Zwölffingerdarm und Dünndarm

Anamnese

Organbeschwerden

- Aerocolie (pathologische Gasansammlung im Darm)
- Diarrhö
- Obstipation
- Andere Verdauungsbeschwerden
- Operationen oder Traumen im Bereich des Bauchraumes
- Druckempfindlichkeit und Missempfindungen im Bereich des Nabels
- Unbehagen im Bauch 3 bis 4 Std. nach dem Essen
- Druckgefühl beim Tragen von Gürteln oder enger Kleidung oder nach längerem Stehen
- Atembeschwerden, die sich in Rückenlage bessern

Beschwerden am Bewegungsapparat

- Schmerzen im thorakolumbalen Übergang
- Entzündliche Gelenkprozesse
- Schmerzen im rechten Iliosakralgelenk

Gürteltest im Liegen

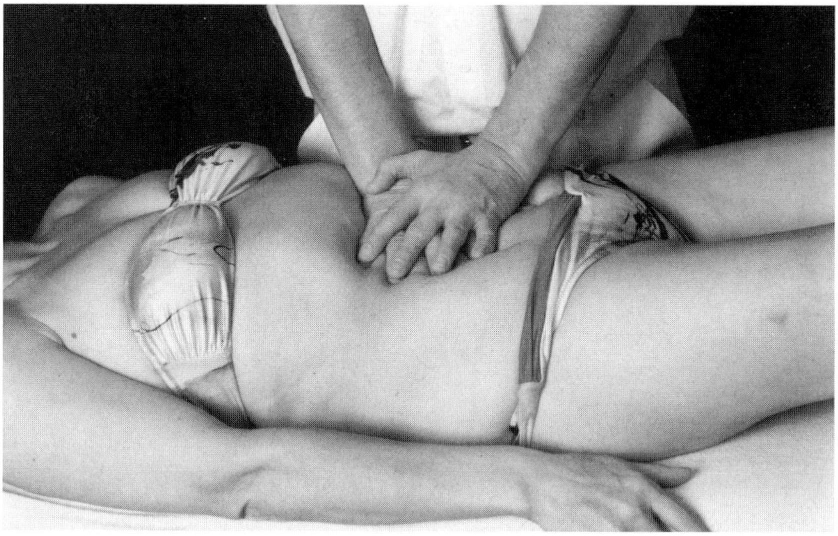

Abb. 74

Ausgangsstellung Patient

Der Patient befindet sich in Rückenlage.
Die Beine sind zur Entspannung der Bauchdecke im Hüft- und Kniegelenk etwas gebeugt.

Ausgangsstellung Therapeut

Der Therapeut steht an der Seite des Patienten, die Hände liegen flach auf der Bauchdecke.

Ausführung

Der Therapeut drückt mit beiden Händen vorsichtig auf die Bauchdecke.

Aussage

Der Test dient der Schmerzprovokation: Spannung und Druckempfindlichkeit des Abdomens werden diagnostiziert.

Untersuchung

Palpation in Rückenlage

Diagnostische Palpation des Dünndarms

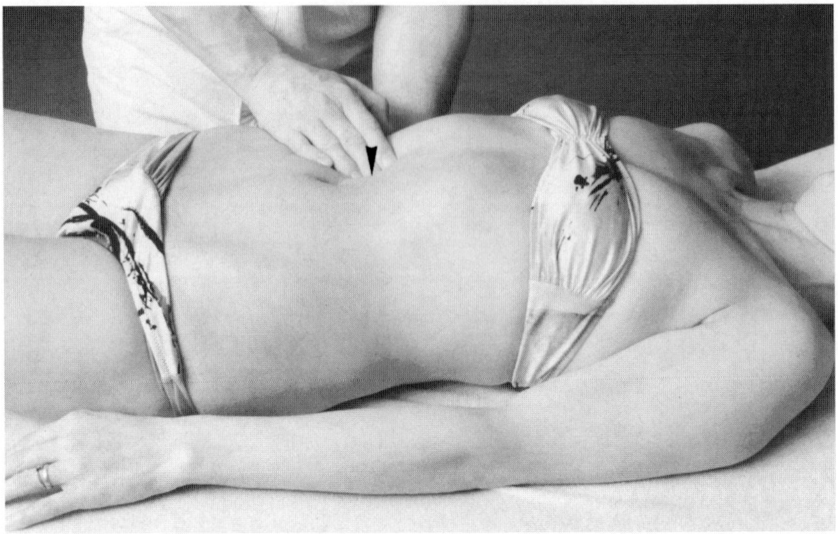

Abb. 75

Ausgangsstellung Patient

Der Patient befindet sich in Rückenlage.
Die Beine sind zur Entspannung der Bauchdecke leicht gebeugt.

Ausgangsstellung Therapeut

Der Therapeut steht seitlich vom Patienten.
Die Hand liegt mit den palpierenden Fingerspitzen flach auf der Bauchdecke.

Ausführung

Der Therapeut geht mit wechselndem Druck im Bereich des Dünndarms durch die entspannte Bauchdecke in die Tiefe und registriert Funktions- und Strukturveränderungen.

Aussage

Veränderungen des Tonus der Dünndarmabschnitte.
Schmerzprovokation.
Verspannungen.
Resistenzen.

Mobilitätstest des Zwölffingerdarms

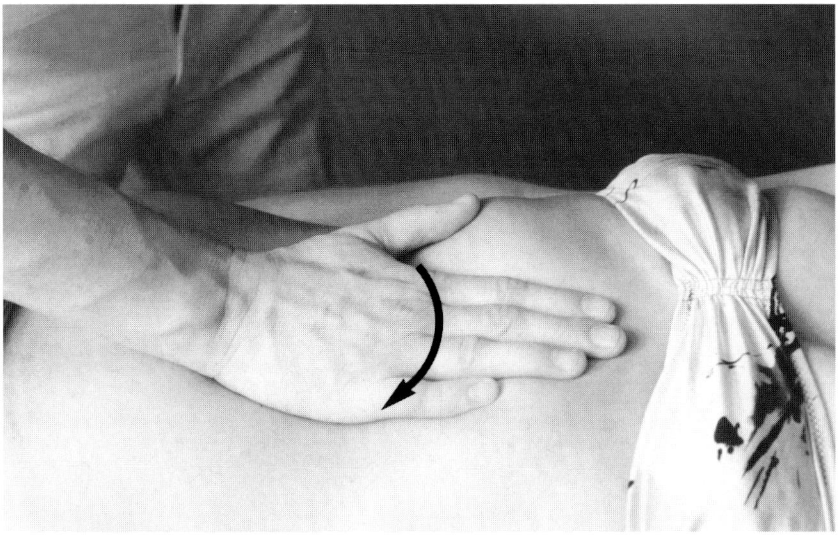

Abb. 76

Ausgangsstellung Patient

Der Patient befindet sich in Rückenlage.
Die Beine sind wieder zur Entspannung der Bauchdecke gebeugt.

Ausgangsstellung Therapeut

Der Therapeut steht an der Seite des Patienten.
Die rechte Hand liegt flach auf der Bauchdecke.
Die Handfläche ruht auf dem Nabel, die Finger liegen im Epigastrium.

Ausführung

Der Therapeut registriert palpierend die Bewegungen des Duodenums.

Aussage

Veränderungen der normalen Bewegungsrichtung (im Uhrzeigersinn) und des Rhythmus.
Verminderte Beweglichkeit oder Darmsteifungen können Folge von Verklebungen oder Teilverschlüssen des Darmlumens sein.

Untersuchung

Perkussion

Erkrankungen oder Funktionsstörungen des Dünndarms

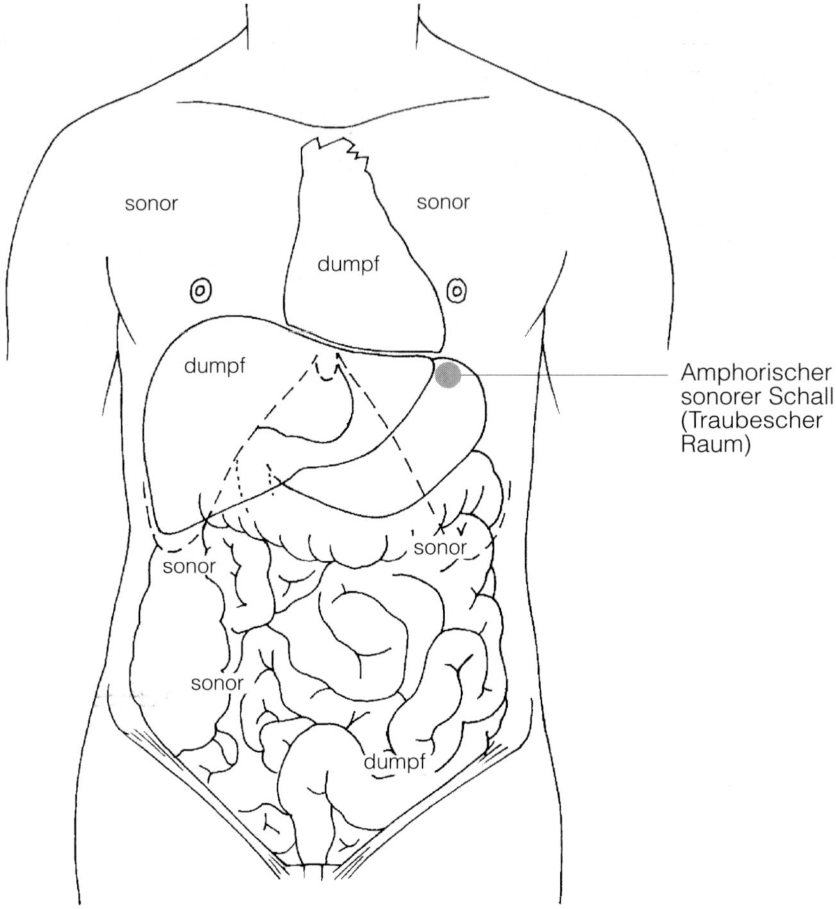

Abb. 77

Normal entsteht über dem gesunden Dünndarm ein sonorer (heller) Klopfschall bei der Perkussion.

Gedämpfter heller Klopfschall ist ein Zeichen für **Hypotonie** des Dünndarms.

Verstärkter heller Klopfschall tritt bei **Hypertonie** des Darms auf.

Amphorischer Klang tritt bei **Spasmen** im Bereich eines Sphinkters auf.

Bindegewebszonen

Dünndarm		
Dermatome	Th8 - 10	
Maximalzone		
- Duodenum	Th9	Rundliche Zone rechts vom Nabel, unterhalb der Gallenblasenzone
- Jejunum	Th9	Bogenförmig links vom Nabel
- Ileum	Th10	Bogenförmig unterhalb des Nabels

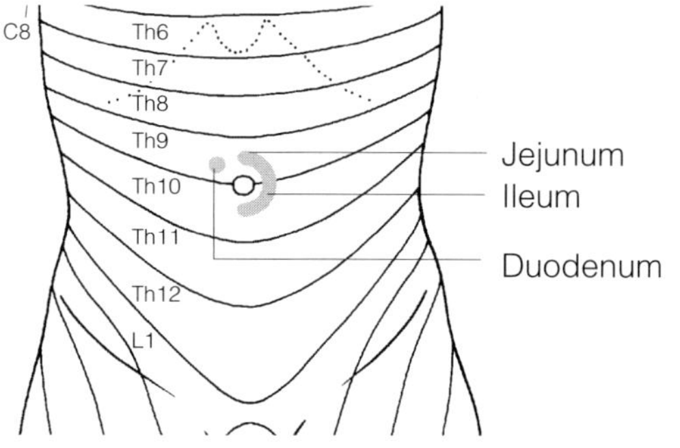

Abb. 78a ventral

Dünndarm		
Maximalzone		
- Duodenum	L1 - 2	Paravertebral rechts
- Jejunum, Ileum	L3 - 5	Bandförmige Zone über dem Sakrum

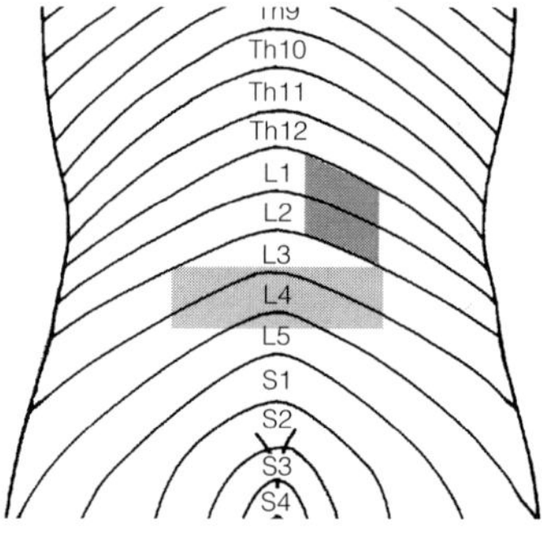

Abb. 78b dorsal

Untersuchung

ergänzend

Muskulatur und Triggerpunkte

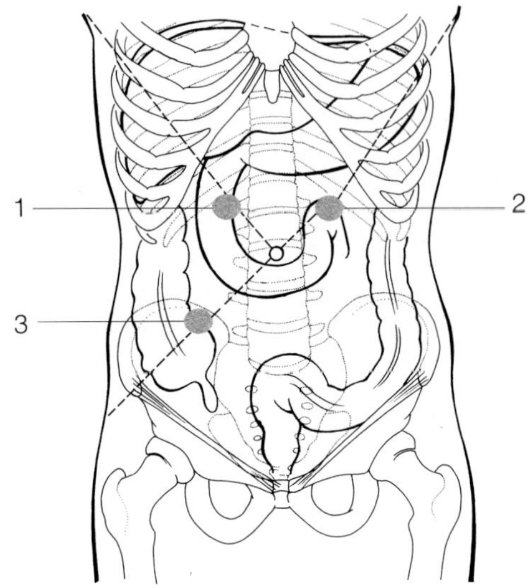

Abb. 79

Verspannungen

Sie kommen in folgenden Muskeln vor:
- Bauchmuskeln
- M. psoas
- M. intercostales 7 - 12.
- Paravertebrale Muskeln im Bereich Th8 - Th11
- Beckenbodenmuskeln
- Diaphragma (Treitz'sches Band, Plica duodenalis superior)

Triggerpunkte

1 Sphincter Oddi des Ductus choledochus	Auf einer Linie vom Nabel bis zur rechten Schulter, drei Querfinger kranial vom Nabel
2 Sphincter duodeno-jejunalis	Auf einer Linie vom Nabel bis zur linken Schulter, zwei bis drei Querfinger kranial vom Nabel
3 Sphincter ileo-coecalis	Auf einer Linie vom Nabel zum rechten vorderen Darmbeinstachel an der Grenze vom medialen zum mittleren Drittel

Untersuchung auf Wechselwirkungen mit anderen Funktionskreisen und Strukturen

Bewegungsapparat

Vom Duodenum bestehen durch den M. suspensorium duodeni *(Treitz)* direkte Verbindungen zu den Wirbelkörpern Th12 - L2. Bewegungsstörungen in diesem Bereich nehmen Einfluss auf den duodenojejunalen Übergang (und umgekehrt).

Nervensystem

Sympathikus	Th7 (8) Th11 - 12	Duodenum Jejunum - Ileum
Parasympathikus	Co - 1 - 2	N. vagus
N. phrenicus	C3 - 4	Die Leberkapsel wird sensibel durch den N. phrenicus innerviert (Schulterschmerzen rechts).

Topographische Beziehungen

Skeletal	Das Duodenum liegt auf Höhe von Th12 - L4
Muskulär	M. suspensorium duodeni *(Treitz)* L2 (Verbindung zwischen Flexura duodenojejunalis und Crus diaphragmalis sinister)
Viszeral	Magen Nieren Dickdarm (Jejunum und Ileum sind ringsum vom Kolon umgeben) Leber Bauchspeicheldrüse

Röntgen/Labor

Zum Ausschluss von Organerkrankungen und Kontraindikationen.

Behandlung

in Rückenlage

Lösen von Darmverklebungen

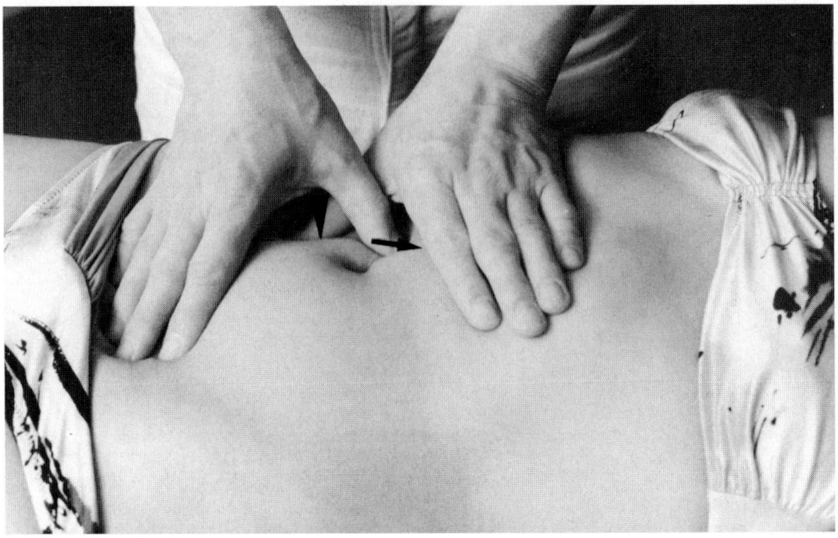

Abb. 80

Indikation

Postoperative Beschwerden nach Eingriffen im Bauchraum.
Fasziale Verklebungen.
Spasmen und Verspannungen im Oberbauch.

Ausgangsstellung Patient

Der Patient befindet sich in negativer Schräglage (s. S. 14).
Die Beine sind zur Entspannung der Bauchdecke gebeugt.
Ein Kissen liegt unter dem Kopf.

Ausgangsstellung Therapeut

Der Therapeut steht seitlich vom Patienten.

Ausführung

Mit einem Daumen (hier der linke) wird der Schmerzpunkt gesucht.
Dieser wird zum Fixpunkt.
Der andere Daumen (im Bild der rechte Daumen) sucht vom Fixpunktdaumen aus durch Tiefenkontakt mit dem Darm die Richtung der Verklebung.
Durch Entfernung dieses Daumens vom Fixpunktdaumen – ohne den Kontakt zum Darm zu verlieren – wird der Bereich des verklebten Darms gestrafft.
Am Ende einer Ausatmung wird dann durch Weiterführung der straffenden Bewegung die Verklebung gelöst.
Der Vorgang wird 4- bis 6-mal wiederholt.

Effekt

Lösen der Verklebungen.
Entspannung im Bereich des Oberbauches.

Dünndarm und Radix mesenterii

Behandlung

in Rückenlage

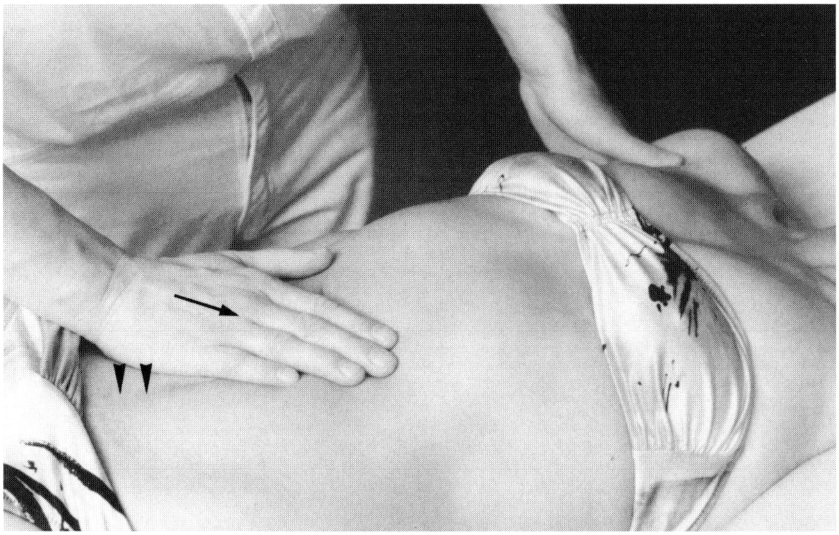

Abb. 81

Indikation

Verspannungen oder Verklebungen im Dünndarmbereich.
Postoperative Missempfindungen um den Nabel.

Ausgangsstellung Patient

Der Patient befindet sich in negativer Schräglage (s. S. 14).
Die Beine sind wie bisher zur Entspannung der Bauchdecke gebeugt.
Ein Kissen liegt unter dem Kopf.

Ausgangsstellung Therapeut

Der Therapeut steht an der rechten Seite des Patienten.
Die rechte Hand liegt medial vom Zökum.
Die Finger zeigen zum Nabel (Linie 3 vom rechten vorderen Darmbeinstachel zum Nabel) (**Abb. 79**).

Ausführung

Zunächst Hautverschiebung nach kaudal-lateral auf der obengenannten Linie.
Dann führt die Hand unter Tiefenkontakt eine Bewegung nach medio-kranial zum Nabel hin aus.

Effekt

Stimulierung der Durchblutung der Bauchorgane und der unteren Extremitäten.
Lösen faszialer Verspannungen.

Dünndarm und Radix mesenterii (Variation)

Behandlung

in Rückenlage

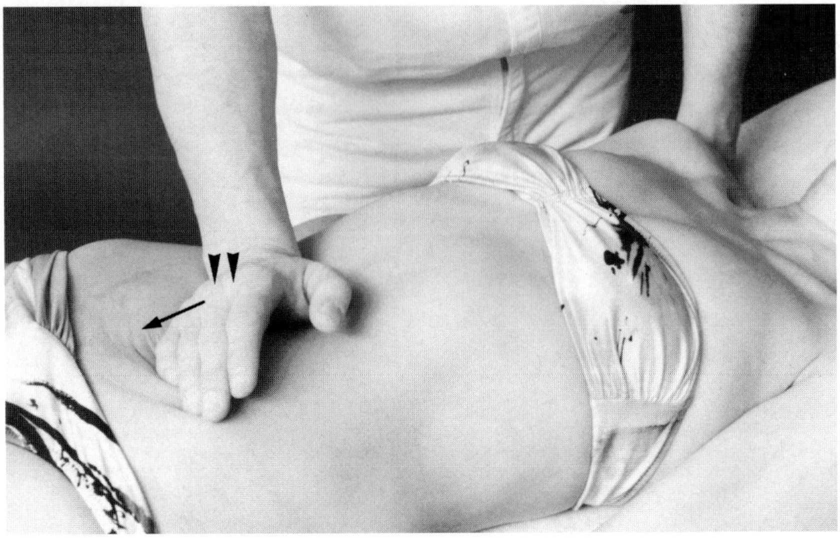

Abb. 82

Indikation

Verspannungen oder Verklebungen im Dünndarmbereich.
Postoperative Missempfindungen um den Nabel.

Ausgangsstellung Patient

Der Patient befindet sich in negativer Schräglage (s. S. 14).
Die Beine sind wie bisher zur Entspannung der Bauchdecke gebeugt.
Ein Kissen liegt unter dem Kopf.

Ausgangsstellung Therapeut

Der Therapeut steht an der rechten Seite des Patienten in Höhe des Schultergürtels.
Die dorsalflektierte rechte Hand liegt mit dem Os pisiforme oder dem Daumenballen (Os scaphoideum) senkrecht auf der Linie vom rechten oberen Darmbeinstachel zum Nabel.

Ausführung

Zunächst wird die Haut nach kraniolateral zum rechten Rippenbogen verschoben, dann nimmt die Hand des Therapeuten mit dem Os pisiforme oder dem Daumenballen Tiefenkontakt im Bauchraum auf und führt eine Bewegung in Richtung der Symphyse aus, die mehrmals wiederholt wird.

Effekt

Stimulierung der Durchblutung der Bauchorgane und der unteren Extremitäten.
Lösen der faszialen Verspannungen.

Radix Behandlung

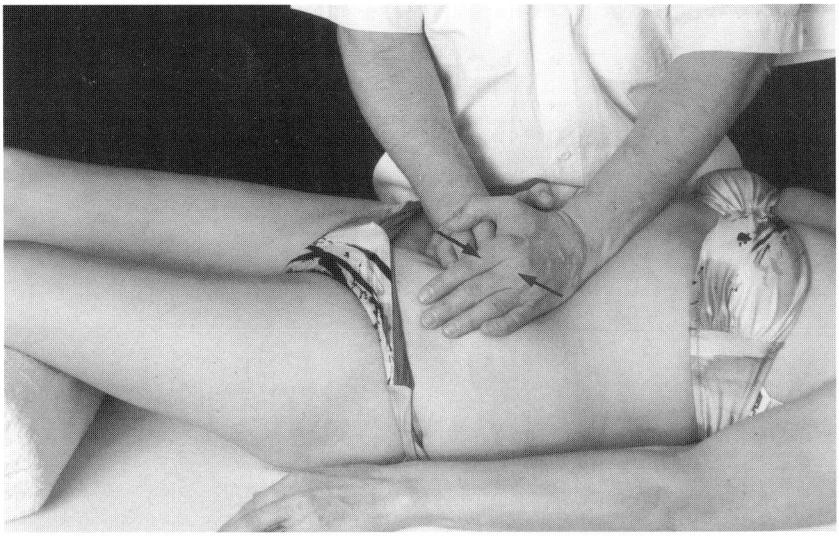

Abb. 83

Indikation

Verspannungen oder Verklebungen im Dünndarmbereich.
Postoperative Missempfindungen um den Nabel.
Verdauungsprobleme.

Ausgangsstellung Patient

Der Patient nimmt eine entspannte Rückenlage ein, die Arme ruhen neben dem Körper.
Die Beine sind zur Entspannung der Bauchdecke leicht gebeugt.
Ein Kissen liegt unter dem Kopf.

Ausgangsstellung Therapeut

Der Therapeut steht an der rechten Seite des Patienten.
Das rechte Hypothenar liegt auf dem ileozökalen Übergang.
Das linke Hypothenar liegt auf dem duodeno-jejunalen Übergang.
Beide Hände liegen schalenförmig ineinander.

Ausführung

Hautverschiebung nach lateral.
Während der Ausatmung führen beide Handballen Druck nach dorsal und zueinander aus.
In der darauf folgenden Apnoephase wird dieser Druck 7 bis 10 sec gehalten. Während der folgenden Einatmung wird dieser Druck erhöht.
Der Vorgang wird einmal wiederholt.
Am Ende atmet der Patient ruhig ein und aus, während der Therapeut den Druck seiner Hände langsam zurücknimmt (ca. 20 sec).

Effekt

Stimulierung der Durchblutung der Bauchorgane und der unteren Extremitäten.
Entspannung der Bauchorgane.

Pylorus

Behandlung

in Rückenlage

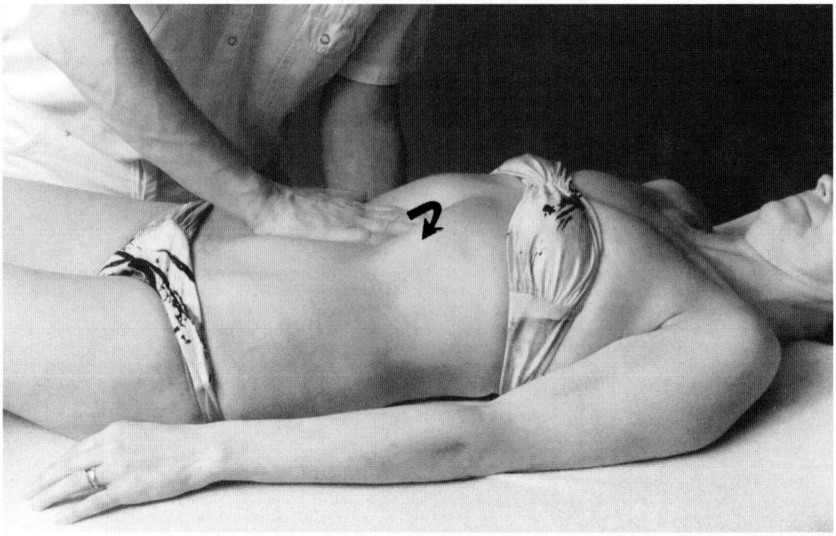

Abb. 84

Indikation

Pylorusspasmen.

Ausgangsstellung Patient

Der Patient befindet sich in negativer Schräglage (s. S. 14).
Die Beine sind wieder zur Entspannung der Bauchdecke leicht gebeugt.
Ein Kissen liegt unter dem Kopf.

Ausgangsstellung Therapeut

Der Therapeut steht an der rechten Seite des Patienten in Höhe des Beckens.
Die linke Hand liegt dorsal in Höhe des Magens unter dem Thorax.
Die rechte Hand liegt flach auf dem Oberbauch, die Finger im Epigastrium.

Ausführung

Die Finger der palpierenden Hand führen unter Tiefenkontakt rotierende Bewegungen im Uhrzeigersinn nach kranial und zur rechten Seite aus.

Effekt

Entspannung der Pylorus.

Triggerpunkt des Sphincter Oddi

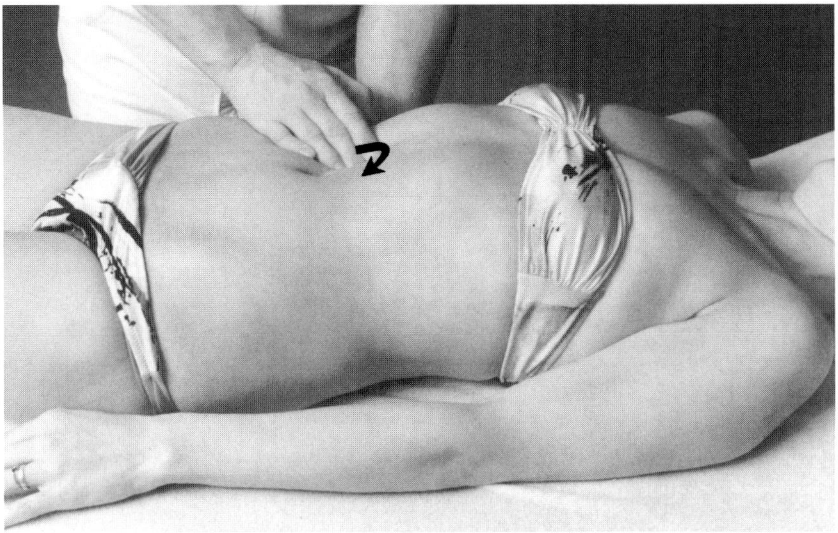

Behandlung

in Rückenlage

Abb. 85

Indikation

Spannung des Triggerpunktes am Sphincter Oddi.

Ausgangsstellung Patient

Der Patient befindet sich in negativer Schräglage (s. S. 14).
Die Beine sind wie bisher zur Entspannung der Bauchdecke gebeugt.
Ein Kissen liegt unter dem Kopf.

Ausgangsstellung Therapeut

Der Therapeut steht wieder an der rechten Seite des Patienten, in Höhe des Beckens.
Die linke Hand liegt unter dem Thorax in Höhe des Magens.
Die rechte Hand steht mit den aufgestellten Fingern im Epigastrium, auf dem Triggerpunkt des Sphincter Oddi.

Ausführung

Die Finger der rechten Hand führen unter Tiefenkontakt im Uhrzeigersinn rotierende Bewegungen nach rechts-kranial aus.

Effekt

Entspannung des Sphinkters.
Drainagewirkung im Ductus choledochus.

Duodenum: Finger-Daumen-Einhandtechnik

Behandlung

in Rückenlage

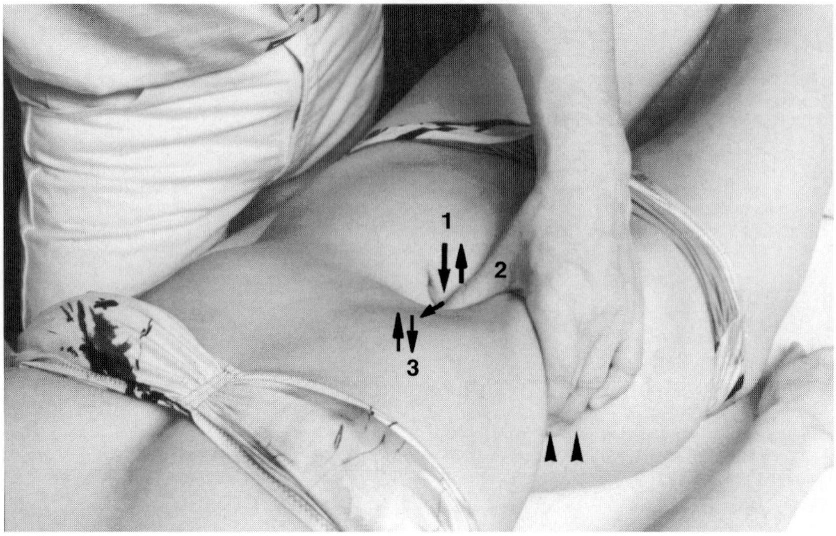

Abb. 86

Indikation

Verspannungen und Verklebungen im Bereich des Zwölffingerdarms.
Ulcus duodeni.

Ausgangsstellung Patient

Der Patient befindet sich in negativer Schräglage (s. S. 14).
Die Beine sind wie bisher zur Entspannung der Bauchdecke gebeugt.
Ein Kissen liegt unter dem Kopf.

Ausgangsstellung Therapeut

Der Therapeut steht gegenüber der zu behandelnden Seite.
Die Finger liegen von lateral auf den untersten Rippen, der Daumen liegt auf „Duo 2“ (= zweites Viertel des Zwölffingerdarms).

Ausführung

1. Der Daumen übt einen sanften, aber tiefen Druck auf „Duo 2“ aus.
2. Der Druck wird langsam vermindert.
3. Der Daumen wird etwas höher platziert und der Vorgang wiederholt.

Effekt

Entspannung im genannten Teilbereich („Duo 2“) des Zwölffingerdarms.
Verbesserung der Darmpassage.

Duodenum: Zwei-Finger-Technik

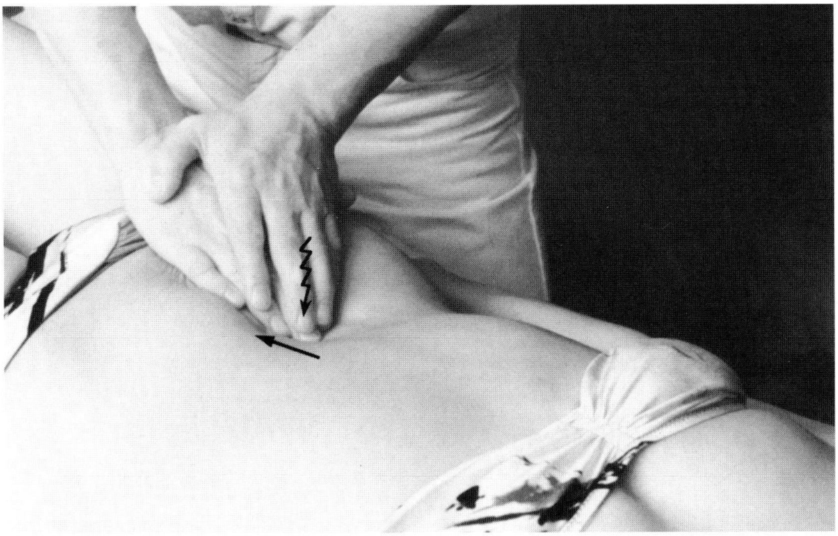

Abb. 87

Behandlung

in Rückenlage

Indikation

Verspannungen und Passagestörungen im Zwölffingerdarm.

Ausgangsstellung Patient

Der Patient befindet sich in negativer Schräglage (s. S. 14).
Die Beine sind wie bisher zur Entspannung der Bauchdecke leicht gebeugt.
Ein Kissen liegt unter dem Kopf.

Ausgangsstellung Therapeut

Der Therapeut steht an der rechten Seite des Patienten in Höhe des Beckens.
Die Hände liegen übereinander.
Die Fingerspitzen der rechten Hand liegen auf „Duo 2" (s. S. 118).
Der Palpationsdruck wird durch die linke Hand verstärkt.

Ausführung

Die Finger dringen langsam tief in den Bauchraum ein und führen eine langsame vibrierende Drainage nach kaudal aus.
Danach wird der Druck allmählich vermindert bis zur Ausgangsstellung.

Effekt

Drainage des Zwölffingerdarms.

Flexura duodeno-jejunalis

Behandlung

in Rückenlage

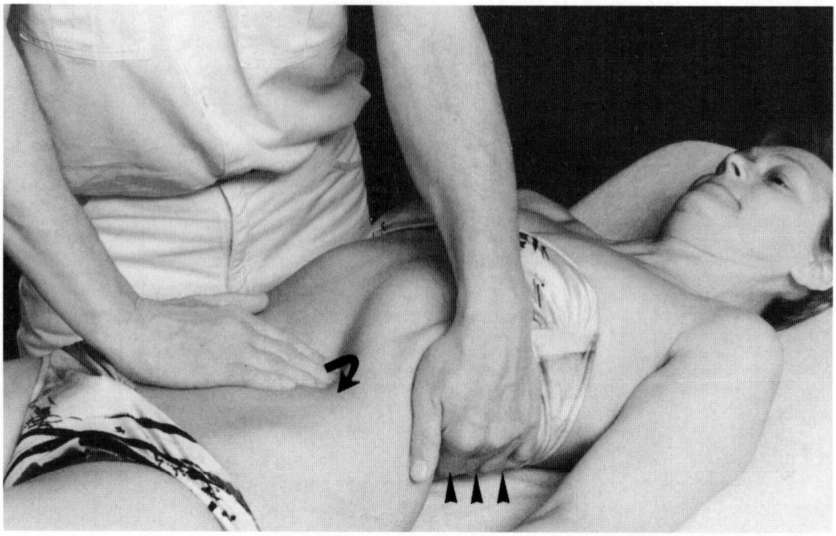

Abb. 88

Indikation

Verspannung oder Spasmen der Flexura duodeno-jejunalis.

Ausgangsstellung Patient

Der Patient befindet sich in negativer Schräglage (s. S. 14).
Die Beine sind wie bisher zur Entspannung der Bauchdecke leicht gebeugt.
Ein Kissen liegt unter dem Kopf.

Ausgangsstellung Therapeut

Der Therapeut steht an der rechten Seite des Patienten.
Die linke Hand liegt unter dem linken Rippenbogen in Höhe der Flexura duodeno-jejunalis.
Die Finger der rechten Hand liegen im Epigastrium auf der Flexura duodeno-jejunalis.

Ausführung

Die rechte Hand führt Bewegungen nach kranial, rechts-lateral und Rotationen im Uhrzeigersinn wie bei der Einhandtechnik aus (s. S. 118).
Der Vorgang wird bis zum Erreichen einer Entspannung wiederholt.

Effekt

Entspannung und Lösen von Spasmen.

Erstes Viertel des Zwölffingerdarms/Duo 1

Behandlung

im Sitzen

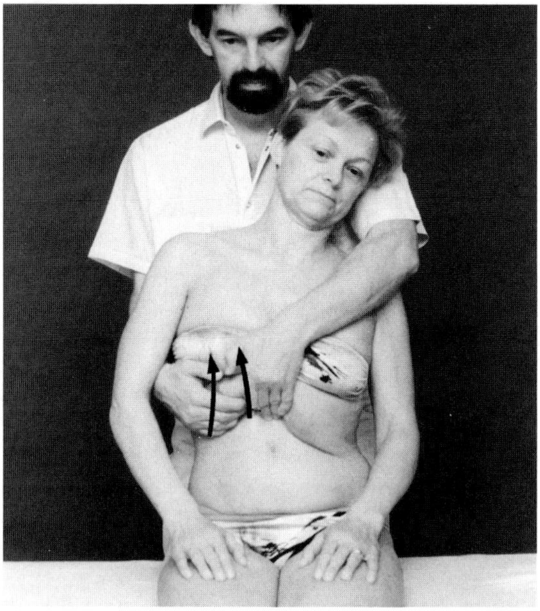

Abb. 89

Indikation

Verspannungen in diesem Bereich.

Ausgangsstellung Patient

Der Patient nimmt eine entspannte Sitzhaltung auf der Behandlungsliege ein.
Der leicht gebeugte Rücken ist an den Therapeuten gelehnt.
Die Hände liegen auf den Oberschenkeln.

Ausgangsstellung Therapeut

Der Therapeut steht hinter dem Patienten.
Der rechte Arm greift unter der rechten Achsel durch, der linke Arm geht über die linke Schulter des Patienten. Beide Hände fassen den rechten Rippenbogen.
Die Fingerspitzen nehmen Kontakt zum unteren Rand der Leber und zu Duo 1 auf.
Während der Ausatmungsphase dringen die Finger vorsichtig unter dem Rippenbogen in die Tiefe ein.

Ausführung

Während der weiteren Ausatmung wird die Leber in Richtung der rechten Schulter angehoben, wobei man gleichzeitig den vorher gebeugt sitzenden Patienten aufrichtet.
Während der Einatmung wird diese Position jeweils beibehalten.
Am Ende der Einatmung lässt der Hebeimpuls nach.

Effekt

Entspannung des Duo 1.

Duo 2

Behandlung

in Seitenlage

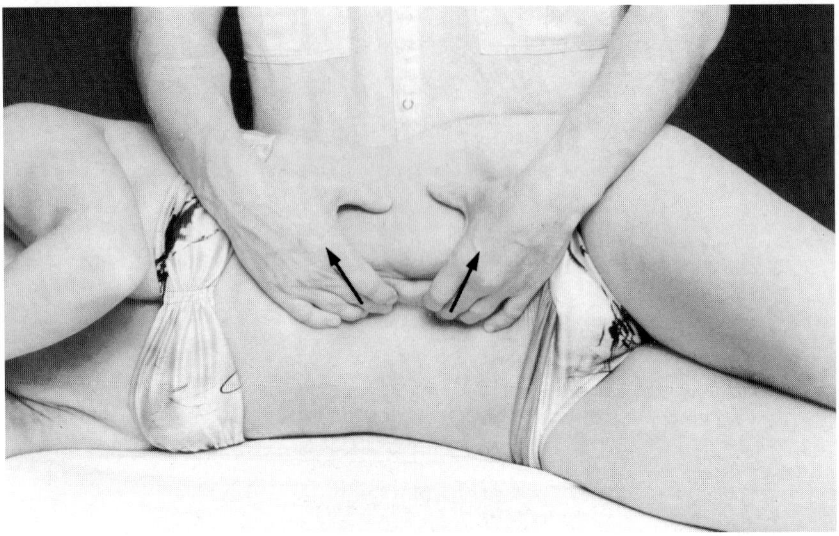

Abb. 90

Indikation

Beeinträchtigte Darmpassage.
Verspannung im Duodenum.

Ausgangsstellung Patient

Der Patient befindet sich in stabiler Rechtsseitenlage.

Ausgangsstellung Therapeut

Der Therapeut steht hinter dem Patienten.
Die Fingerspitzen beider Hände dringen von vorne in den Bauchraum ein, medial vom Colon ascendens.

Ausführung

Das „Duo 2" (s. S. 118) wird nach medial angehoben.
Die rechte Hand geht in medio-kraniale Richtung, die linke in medio-kaudale Richtung.

Effekt

Dehnung und Entspannung im Duodenalbereich.
Verbesserung der Durchblutung.
Stimulierung der Verdauungsvorgänge.

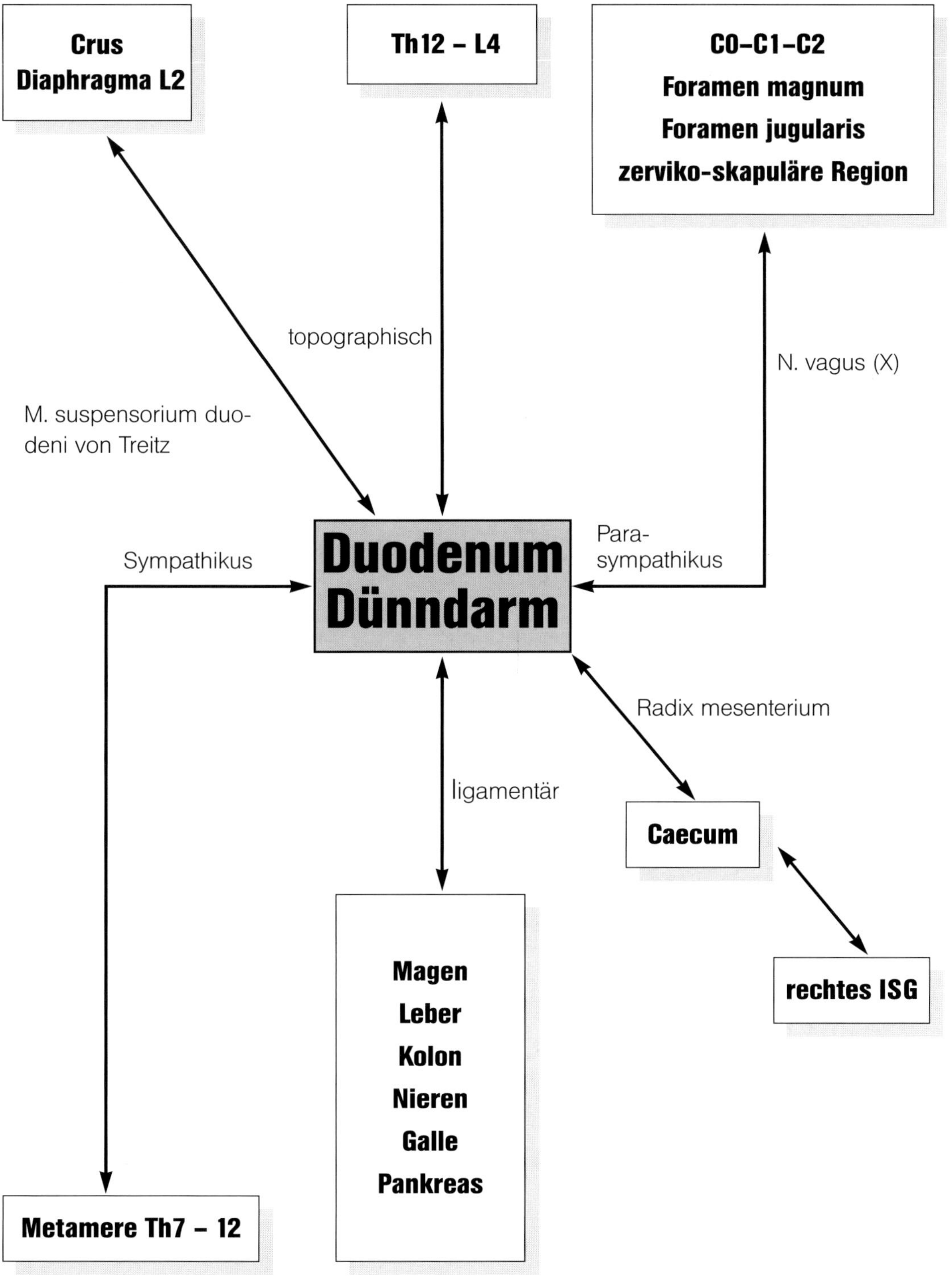
Crus
Diaphragma L2
Th12 – L4
C0–C1–C2
Foramen magnum
Foramen jugularis
zerviko-skapuläre Region
topographisch
N. vagus (X)
M. suspensorium duodeni von Treitz
Sympathikus
Duodenum
Dünndarm
Para-
sympathikus
Radix mesenterium
ligamentär
Caecum
rechtes ISG
Magen
Leber
Kolon
Nieren
Galle
Pankreas
Metamere Th7 – 12

Untersuchung

V Gallenblase und Leber

Anamnese

Allgemein-anamnese

- Einseitige Ernährung
- Alkoholgenuss
- Einnahme von Medikamenten
- Durchgemachte Infektionskrankheiten (bakteriell und viral)
- Bluttransfusion
- Früherer Aufenthalt in den Tropen
- Giftbelastung am Arbeitsplatz
- Schlafstörungen, depressive Verstimmungen, Gedächtnisstörungen

Organ-beschwerden

- Verdauungsbeschwerden
- Spasmen der Gallenblase
- „Niesen nach pikantem Essen"
- Nasenerkrankungen (z. B. Rhinitis, Sinusitis)
- Atemstörungen
- Gelegentlich Schwindel
- Hämorrhoiden, Varizen

Endokrine Störungen

- Schilddrüsendysfunktion
- Libidoverlust
- Zyklusveränderungen oder Symptome in der zweiten Zyklushälfte
- Haarausfall
- Adynamie

Beschwerden am Bewegungs-apparat

- Tendinitis
- Rechter Schulterschmerz bis zur „Periarthritis humeroscapularis"
- Schmerzen an der rechten Seite des Thorax, Dermatombereich Th8 – Th10
- Kopfschmerzen
  Rechtes Auge und Stirnkopfschmerz: Leber
  Linkes Auge und Nackenschmerz: Galle
- Nackenschmerz und Nackensteife (C3/C4, N. phrenicus)
- Schnelle muskuläre Ermüdung

Inspektion

- Ödeme der unteren Extremitäten
- Bauchvenenerweiterungen
- Narben nach operativen Eingriffen oder Traumen
- Blasse Gesichtsfarbe
- Hautveränderungen, z. B. Akne, Psoriasis, Ekzem, gelbe Haut, braune Flecken
- Lipoidschwellungen auf den Augenlidern
- Gelbliche Verfärbung der Skleren

Gürteltest (s. S.74, 105, 125, 144)

Diagnostische Palpation der Leber

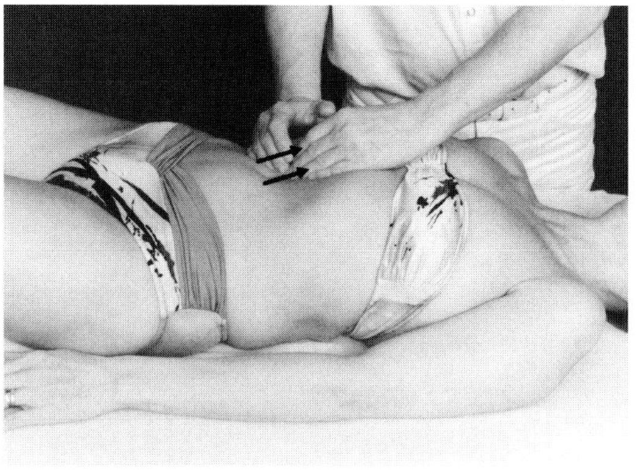

Abb. 91a

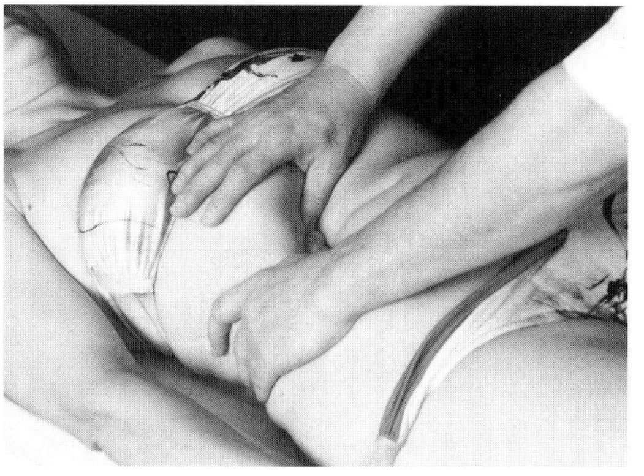

Abb. 91b

Ausgangsstellung Patient

Der Patient befindet sich in Rückenlage, die Arme liegen locker neben dem Körper.
Die Beine sind zur Entspannung der Bauchdecke leicht gebeugt.

Ausgangsstellung Therapeut

a) Der Therapeut steht an der rechten Seite des Patienten in Höhe der Schulter.
Die Fingerspitzen beider Hände liegen nebeneinander am unteren Rand des rechten Rippenbogens und nehmen Kontakt zum Unterrand der Leber auf.

Ausgangsstellung Therapeut

b) Der Therapeut steht an der linken Seite des Patienten in Höhe des Beckens.
Die abgespreizten Daumen liegen unmittelbar am unteren Rand des rechten Rippenbogens.

Ausführung

Der Therapeut tastet den Leberrand ab.

Aussage

Lebervergrößerung.
Schmerzempfindlichkeit bei der Palpation.
Konsistenzabweichungen.

Untersuchung

Mobilitätstest in Rückenlage

Mobilitätstest des Leberrandes

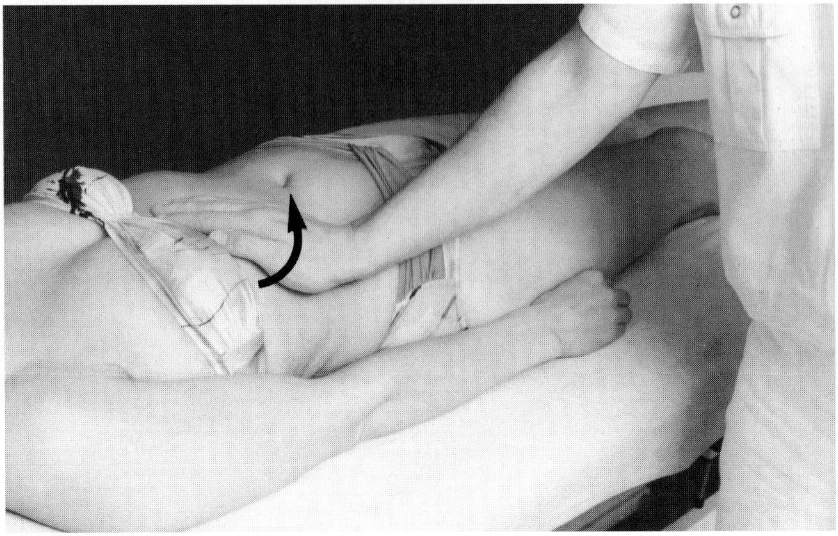

Abb. 92

Ausgangsstellung Patient

Der Patient befindet sich in Rückenlage, die Arme liegen locker neben dem Körper.
Die Beine sind zur Entspannung der Bauchdecke leicht gebeugt.

Ausgangsstellung Therapeut

Der Therapeut steht an der rechten Seite des Patienten.
Die rechte Hand liegt auf dem Rippenbogen.
Die ulnare Handkante nimmt unter dem rechten Rippenbogen Kontakt mit dem Unterrand der Leber auf.

Ausführung

Der Therapeut tastet die Verschieblichkeit des Leberrandes während der Atembewegung.

Aussage

Normale Bewegung beim Atmen: während der Einatmung wölbt sich der Unterrand der Leber nach unten, medial und innen vor.
Registriert werden Veränderungen der Beweglichkeit in Bezug auf Richtung und Rhythmus.

Perkussion der Leber

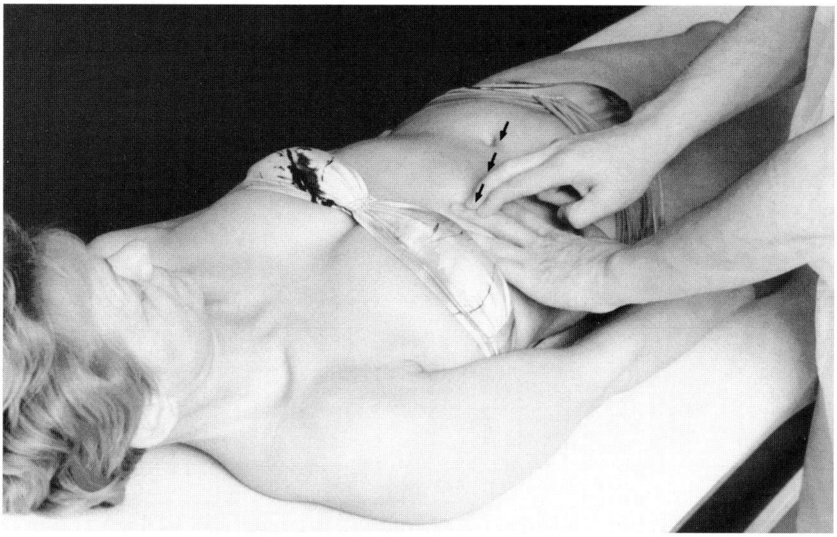

Abb. 93

Orientierende Volumenbestimmung der Leber durch Perkussion.

Normale Position	Obergrenze Untergrenze	5. Zwischenrippenraum rechts 6. Zwischenrippenraum links rechter Rippenbogen
Lebersenkung	Obergrenze Untergrenze	*unter* dem 5. Zwischenrippenraum rechts *unter* dem rechten Rippenbogen
Leberschwellung	Obergrenze Untergrenze	5. Zwischenrippenraum rechts *unter* dem rechten Rippenbogen

Anmerkung

Nur der von der Lunge nicht überdeckte untere Teil der Leber kann durch Perkussion erfasst werden.

Untersuchung

ergänzend

Bindegewebszonen

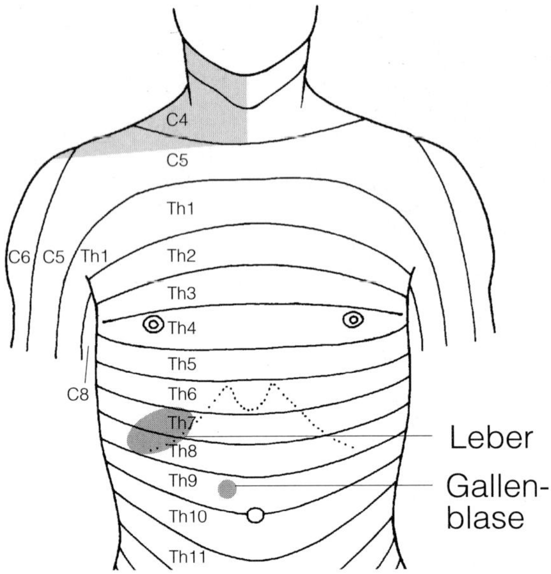

Abb. 94a ventral

Leber		
Derma-tome	C3 - 4 Th6 - 10	Im rechten Hals- und Schulterbereich Im Rippenbogen-bereich
Maximal-zone	Th8	Ovale Zone rechts von der Mittellinie (Rippenbogen-bereich)
Gallenblase		
Derma-tome	Th9	
Maximal-zone		Ovaler Bezirk unter der 10. Rippe auf der Verbindungs-linie vom Nabel zur rechten Schulter

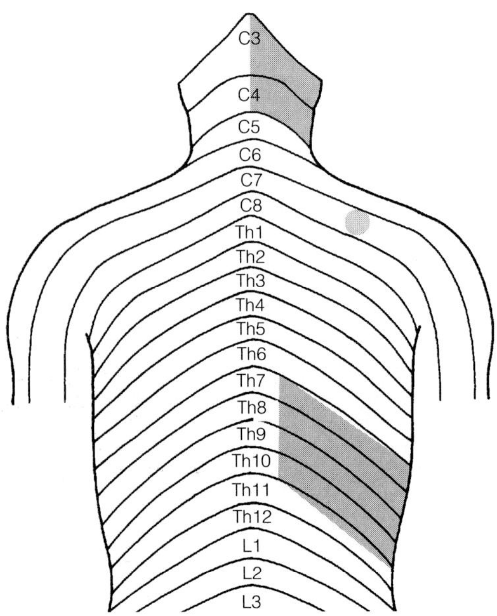

Abb. 94b dorsal

Leber		
Derma-tome	C3 - 4 Th6 - 10	
Maximal-zone		Über der Spina sca-pulae und Rippen-bereich unter der rechten Scapula

Muskulatur und Triggerpunkte

Verspannungen

Verspannungen können in folgenden Muskeln auftreten:
- Zwerchfell
- Bauchmuskeln
- M. psoas
- Mm. intercostales Th8 - 10
- Paravertebrale Muskulatur von Th7 - 10
- M. trapezius
- M. subclavius

Triggerpunkte

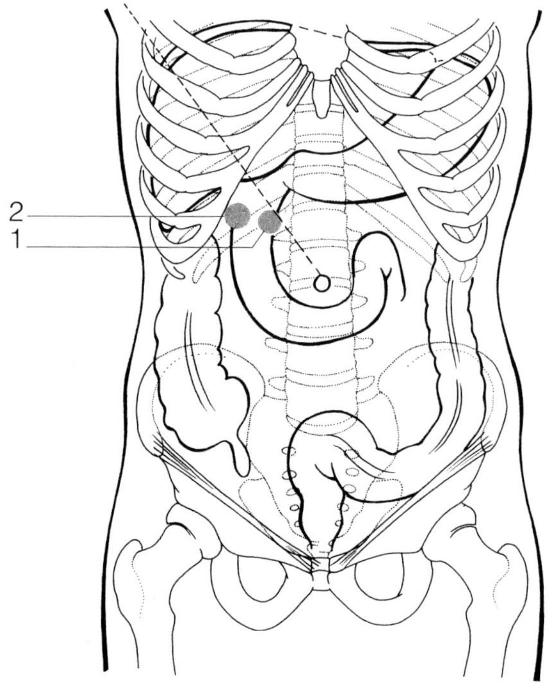

Abb. 95

1 Sphincter Oddi	(Sphinkter des Ductus choledochus) Auf einer Linie vom Nabel zur rechten Schulter, drei Querfinger kranial vom Nabel
2 Ductus Cysticus	Vereinigt sich mit dem Ductus hepaticus communis zum Ductus choledochus. Am Unterrand des Rippenknorpels der 9. und 10. Rippe rechts.

Untersuchung

Wechselwirkungen

Untersuchung auf Wechselwirkungen mit anderen Funktionskreisen und Strukturen

Nervensystem

Sympathikus - Gallenblase - Leber	Th7 - **8** - 9 - 10 Th7 Th8	N. splanchnicus major
Parasympathikus	Co - 1 - 2	N. vagus
N. phrenicus	C3 - 4	(dadurch können rechtsseitige Schulterschmerzen entstehen)

Topographische Beziehungen

	Skeletal Segmente Rechter unterer Rippenverlauf	Zugehörige Th8 - 12
Muskulär	Zwerchfell	Th12 - L3 (N.phrenicus C3 - 4)
Viszeral	Nachbarorgane	Magen Nieren Duodenum Kolon (Flexura hepatica) Uterus Pankreas

Röntgen/Labor

Zum Ausschluss von Kontraindikationen und Infektionen.

Gallenblase: Fingertechnik

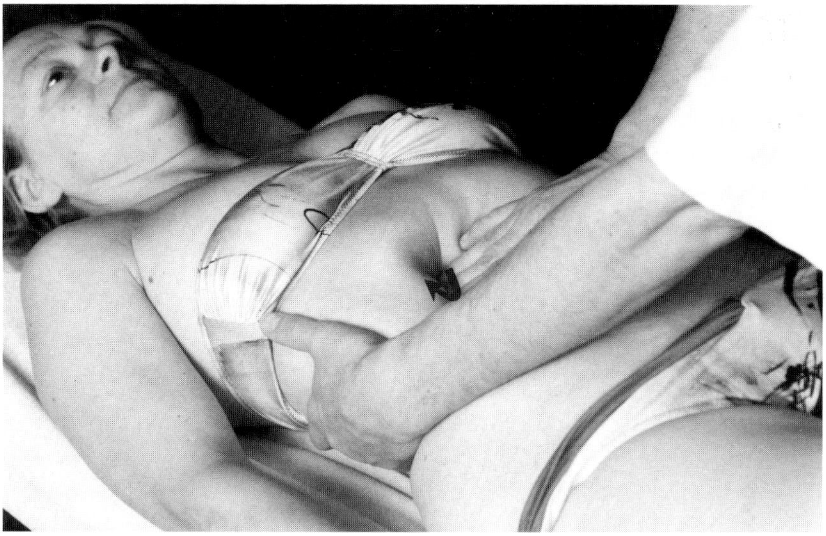

Abb. 96

Indikation

Abflussstörungen aus der Gallenblase.
Verdauungsbeschwerden.
Spasmus des Ductus choledochus.

Ausgangsstellung Patient

Der Patient befindet sich in Rückenlage, die Arme liegen parallel zum Körper.
Die Beine sind zur Entspannung der Bauchdecke gebeugt. Ein Kissen liegt unter dem Kopf.

Ausgangsstellung Therapeut

Der Therapeut steht dem Patienten gegenüber an dessen linker Seite. Die linke Hand umfasst die rechte Flanke, die Finger liegen seitlich und dorsal, die Fingerspitzen der rechten Hand liegen ventral auf der Basis der Gallenblase, am Unterrand des Rippenknorpels der neunten und der zehnten Rippe rechts.

Ausführung

Die Fingerspitzen der rechten Hand führen zirkulär einen vibrierenden Druck nach kranio-medial aus.

Effekt

Entleerung der Gallenblase.
Diese Behandlung wird immer mit der Therapie des Sphincter Oddi (**Abb. 85**) und der „Duo 2"-Behandlung (**Abb. 86, 87**) kombiniert (spasmolytische Wirkung im Oberbauch).

Gallenblase: Fingertechnik Variante

Behandlung

in Rückenlage

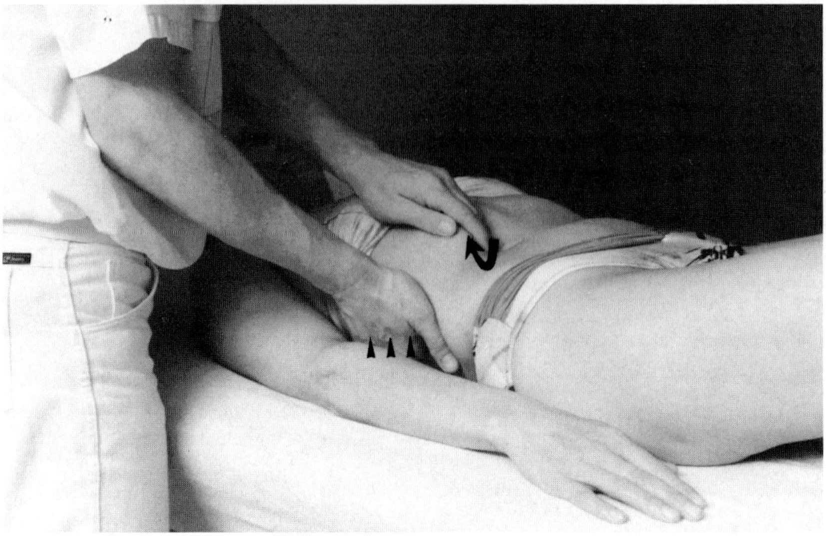

Abb. 97

Indikation

Abflussstörungen aus der Gallenblase.
Verdauungsbeschwerden.
Spasmus des Ductus choledochus.

Ausgangsstellung Patient

Der Patient befindet sich in Rückenlage, die Arme liegen parallel zum Körper.
Die Beine sind zur Entspannung der Bauchdecke gebeugt.
Ein Kissen liegt unter dem Kopf.

Ausgangsstellung Therapeut

Der Therapeut steht an der rechten Seite des Patienten mit Blick zum Fußende.
Die rechte Hand liegt am lateralen und dorsalen Umfang des Rippenbogens.
Die linke Hand ruht ventral auf dem Rippenbogen, die Fingerspitzen liegen über der Gallenblase.

Ausführung

Die rechte Hand stützt die rechte Flanke des Patienten.
Die Fingerspitzen der linken Hand führen einen zirkulierenden, vibrierenden Druck nach kranio-medial aus.

Effekt

Effekt und Verwendung dieser Technik sind die gleichen wie bei **Abb. 96**.

Heben der Leber

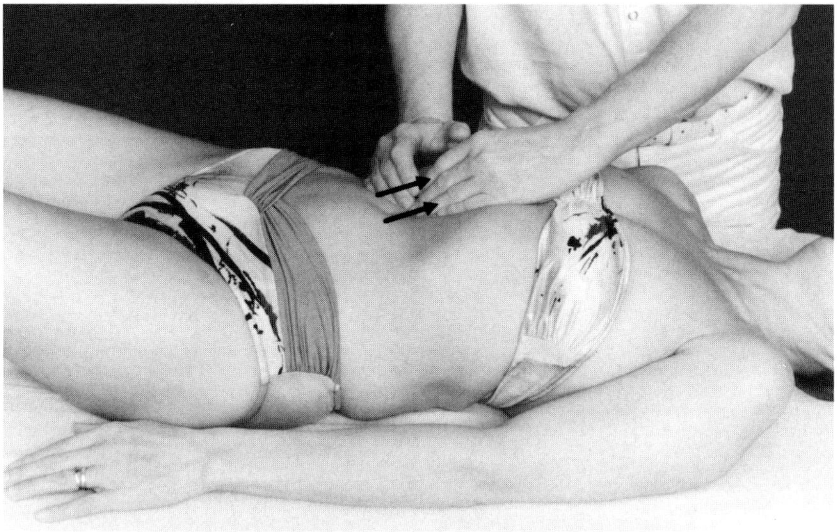

Abb. 98

Behandlung

in Rückenlage

Indikation

Lebersenkung.
Mobilitäts- und Elastizitätsverlust der Leber.
Alkohol- und/oder chemische Intoxikation.

Ausgangsstellung Patient

Der Patient liegt in negativer Schräglage (s. S. 14).
Die Beine sind zur Entspannung der Bauchdecke leicht gebeugt.
Ein Kissen liegt unter dem Kopf.

Ausgangsstellung Therapeut

Der Therapeut steht an der rechten Seite des Patienten zum Fußende gewandt.
Die Handteller beider Hände liegen auf dem rechten Rippenbogen.
Die Fingerspitzen nehmen Kontakt zum Unterrand der Leber auf.

Ausführung

Hautverschiebung nach kaudal.
Während der Ausatmung dringen die Fingerspitzen weiter zum Unterrand der Leber vor.
Während der Einatmung wird der Kontakt zum Leberunterrand verstärkt.
Im Verlauf der darauf folgenden Ausatmung wird die Leber vibrierend in Richtung der rechten Schulter angehoben.
Diese Korrektur wird 2- bis 3-mal vorgenommen.
Die Behandlung wird am Ende einer Einatmung beendet.

Effekt

Verminderung der faszialen Spannungen im Leberbereich.
Stimulierung des arterio-veno-lymphatischen Kreislaufs.

Kompression der Leber

Behandlung

in Rückenlage

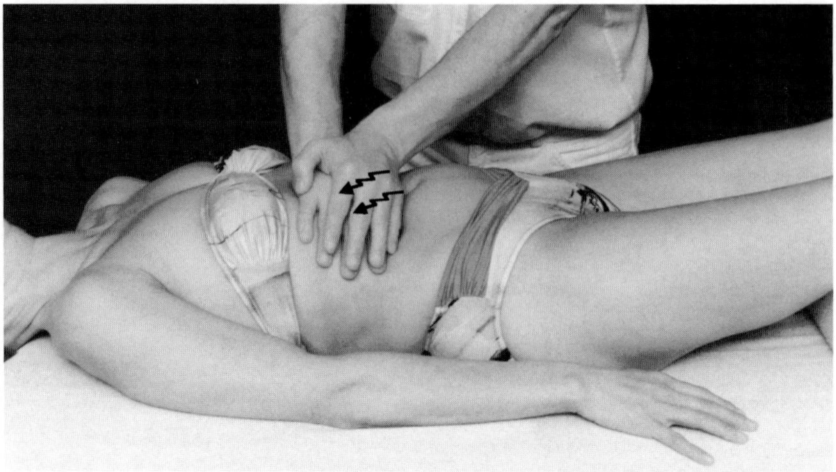

Abb. 99

Indikation

Leberschwellung.
Verminderung der Leberfunktionen (z. B. Autoimmunkrankheiten, Verdauungsbeschwerden, metabolische Dysfunktion, Ekzembildung).
Mobilitätseinschränkung der Leber.

Ausgangsstellung Patient

Der Patient befindet sich in Rückenlage, die Arme liegen parallel zum Körper.
Die Beine sind zur Entspannung der Bauchdecke gebeugt.
Ein Kissen liegt unter dem Kopf.

Ausgangsstellung Therapeut

Der Therapeut steht an der linken Seite des Patienten mit Blick zu dessen rechter Schulter.
Die rechte Hand liegt auf dem rechten Rippenbogen, Daumen und Zeigefinger befinden sich am unteren Leberrand.
Die linke Hand liegt auf der rechten.
Beide Hände sind etwas gedreht, so dass die rechte Handfläche zur rechten Schulter zeigt.

Ausführung

Während der Einatmung üben die Hände einen tiefen, vibrierenden Druck auf die Leber aus.
In der darauf folgenden Apnoephase wird dieser Druck erhöht.
Während der folgenden Ausatmung wird er langsam wieder vermindert.
Der Vorgang wird 5- bis 7-mal wiederholt.

Effekt

Venöse Drainage der Leber.
Stimulierung der arterio-veno-lymphatischen Zirkulation.
Stimulierende Wirkung auf die Leberaktivität.

Kompression der Leber (Variation)

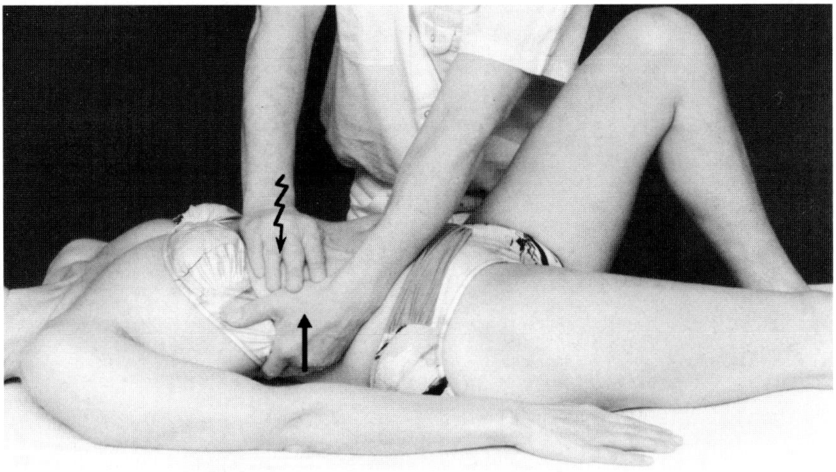

Abb. 100

Behandlung

in Rückenlage

Indikation

Leberschwellung.
Verminderung der Leberfunktionen (z. B. Autoimmunkrankheiten, Verdauungsbeschwerden, metabolische Dysfunktion, Ekzembildung).
Mobilitätseinschränkung der Leber.

Ausgangsstellung Patient

Der Patient nimmt eine entspannte Rückenlage ein.
Das linke Bein ist in Hüfte und Kniegelenk gebeugt.
Das rechte Bein ist gestreckt.
Ein Kissen liegt unter dem Kopf.

Ausgangsstellung Therapeut

Der Therapeut steht an der linken Seite des Patienten mit Blick zu dessen rechter Schulter.
Die linke Hand liegt postero-lateral auf den untersten Rippen.
Die rechte Hand wird parallel zu den untersten Rippen auf das Epigastrium gelegt.
Die gespreizten Finger sind nach lateral gerichtet.

Ausführung

Während der Einatmung hebt die linke Hand den rechten Rippenbogen an.
In der darauf folgenden Apnoephase übt die rechte Hand eine kräftige, vibrierende Kompression auf den Leberunterrand aus.
Während der Ausatmung wird danach der angehobene Rippenbogen unter nachlassender Vibration wieder abgesenkt.
Der Vorgang wird 4- bis 5-mal wiederholt.

Effekt

Venöse Drainage der Leber.
Stimulierung der arterio-veno-lymphatischen Zirkulation.
Stimulierende Wirkung auf die Leberaktivität.

Behandlung

in Rückenlage

Stimulation der Leberaktivität

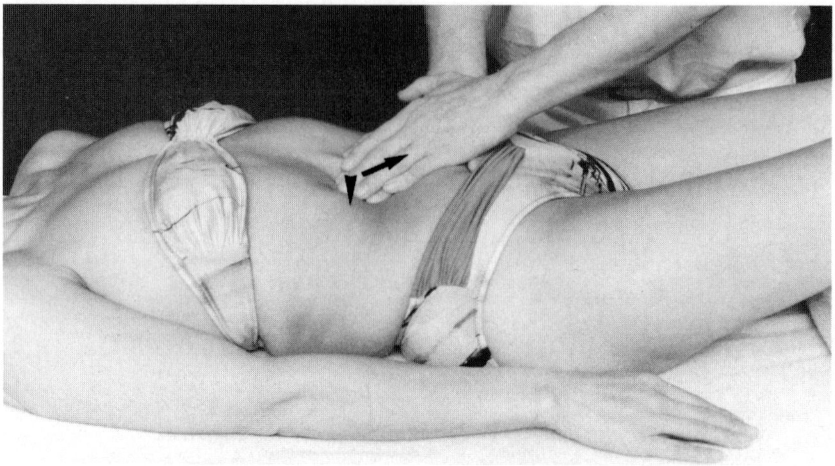

Abb. 101

Indikation

Leberhypertrophie.
Verminderung der Leberfunktionen (z. B. Autoimmunkrankheiten, Verdauungsbeschwerden, metabolische Dysfunktion, Ekzembildung).
Mobilitätseinschränkung der Leber.
Diese sanftere Technik eignet sich für ältere und/oder empfindliche Patienten.

Ausgangsstellung Patient

Der Patient befindet sich in Rückenlage, die Arme ruhen neben dem Körper.
Die Beine sind leicht gebeugt.
Ein Kissen liegt unter dem Kopf.

Ausgangsstellung Therapeut

Der Therapeut steht an der linken Seite des Patienten mit Blick zu dessen rechter Schulter.
Beide Hände liegen übereinander auf der Bauchdecke, die Finger weisen zur rechten Schulter und nehmen Kontakt mit der Leber und der untersten Rippe auf.

Ausführung

Während der Einatmung üben beide Hände einen tiefen Druck nach medio-kaudal aus.
Danach folgt eine kurze Atempause.
Während der stoßartigen, forcierten tiefen Ausatmung wird dieser kaudale Druck auf die Leber beibehalten.
Der Vorgang wird 5- bis 7-mal wiederholt.

Effekt

Venöse Drainage der Leber.
Stimulierung der arterio-veno-lymphatischen Zirkulation.
Stimulierende Wirkung auf die Leberaktivität.

Stimulation der Leberaktivität (Variation)

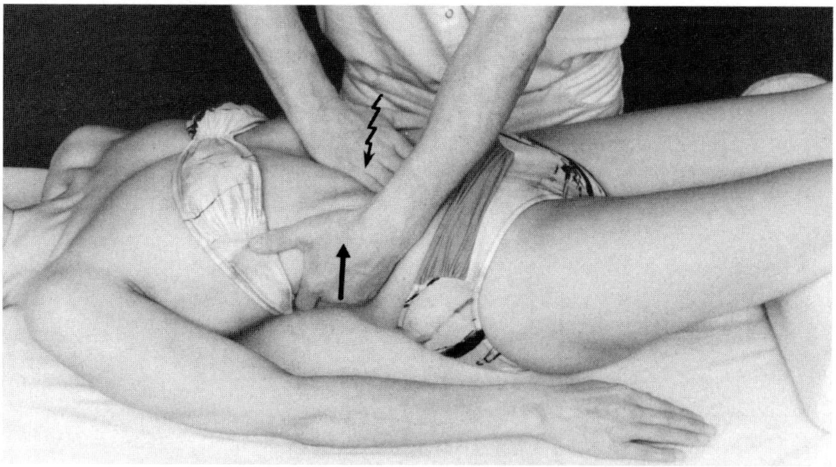

Abb. 102

Indikation

Leberschwellung durch venösen Stau.
Verminderung der Leberfunktionen (z. B. Autoimmunkrankheiten, Verdauungsbeschwerden, metabolische Dysfunktion, Ekzembildung).
Mobilitätseinschränkung der Leber.
Cholestase.

Ausgangsstellung Patient

Der Patient befindet sich in Rückenlage, die Arme ruhen neben dem Körper.
Die Beine sind zur Entspannung der Bauchdecke gebeugt.
Ein Kissen liegt unter dem Kopf.

Ausgangsstellung Therapeut

Der Therapeut steht an der linken Seite des Patienten mit Blick zur rechten Schulter.
Die linke Hand wird von lateral auf den Unterrand des rechten Rippenbogens gesetzt.
Die ulnare Handkante der rechten Hand wird parallel zum Unterrand des Rippenbogens aufgesetzt, die Fingerspitzen sind zum rechten oberen Darmbeinstachel gerichtet.

Ausführung

Während der Einatmung hebt die linke Hand den rechten Rippenbogen an.
Die rechte Hand übt währenddessen einen vibrierenden Druck auf die Bauchdecke aus.
Während der Ausatmung wird der Vibrationsdruck nach kaudomedial angehalten. Der Vorgang wird 4- bis 6-mal wiederholt.

Effekt

Entspannung im Leberbereich.
Stimulierung der arterio-veno-lymphatischen Zirkulation.
Stimulierende Wirkung auf die Leberaktivität.

Hebung der Leber

Behandlung

in Seitenlage

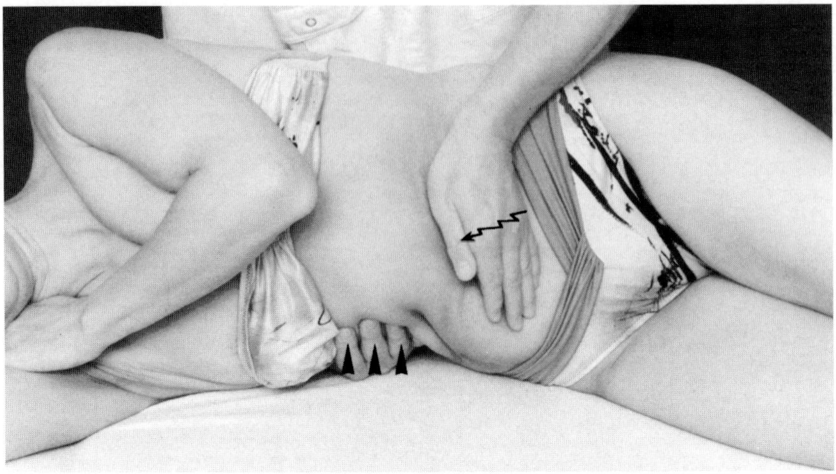

Abb. 103

Indikation

Lebersenkung.
Mobilitäts- und Elastizitätsverlust der Leber.
Alkohol- und/oder chemische Intoxikation.

Ausgangsstellung Patient

Der Patient nimmt die stabile Rechtsseitenlage ein.
Die rechte Hand liegt unter dem Kopf.
Der linke Arm ist auf den rechten Oberarm gestützt.

Ausgangsstellung Therapeut

Der Therapeut steht hinter dem Patienten.
Die rechte Hand liegt unter der rechten Flanke.
Die linke Hand liegt unterhalb des Nabels, parallel zum Unterrand des Rippenbogens, die Handfläche ist zum Leberrand gerichtet.

Ausführung

Die Haut wird mit der linken Hand nach kaudal zur Symphyse verschoben.
Während der Einatmung umfassen beide Hände die Leberränder, wobei die linke Hand einen Druck in Richtung der rechten Schulter ausführt (= Kontaktnahme).
Während der Ausatmung wird die Leber mit beiden Händen vibrierend in Richtung zur rechten Schulter gehoben.
Der Vorgang wird 3- bis 4-mal wiederholt.
Die Behandlung wird nach einer Einatmung beendet.

Effekt

Verminderung der faszialen Spannungen im Leberbereich.
Stimulierung der arterio-veno-lymphatischen Zirkulation.

Kompression der Leber

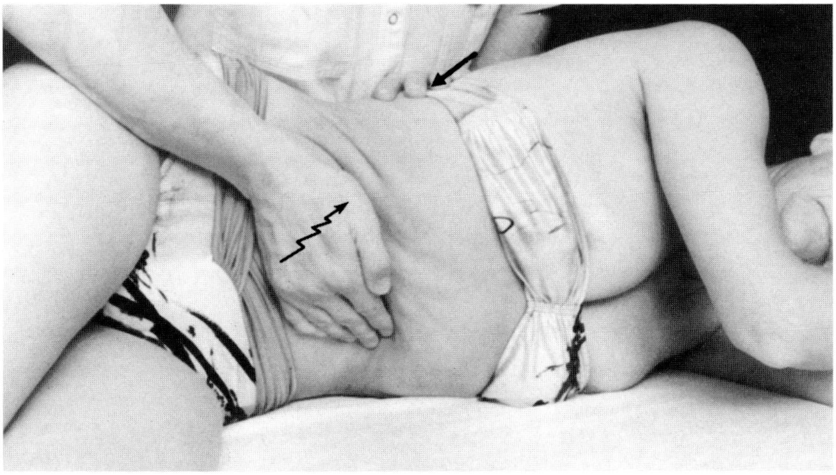

Abb. 104

Indikation

Leberschwellung.
Einschränkung der Leberfunktionen (z. B. Autoimmunkrankheiten,
Verdauungsbeschwerden, metabolische Dysfunktion, Ekzembildung).
Mobilitätseinschränkung der Leber.

Ausgangsstellung Patient

Der Patient nimmt die stabile Linksseitenlage ein.
Die linke Hand befindet sich unter dem Kopf.
Der rechte Arm ist auf den linken Unterarm gestützt.

Ausgangsstellung Therapeut

Der Therapeut steht hinter dem Patienten.
Die rechte Hand liegt unterhalb des Nabels, parallel zum Unterrand des Rippenbogens, die Handfläche ist zur Leber gerichtet. Sie stützt die in der Hand liegenden Strukturen („Viszerales Paket") nach kranial ab. Die linke Hand liegt postero-lateral auf dem Rippenbogen der rechten Seite.

Ausführung

Während der Einatmung drückt die linke Hand auf die unteren Rippen nach ventral-kaudal.
Zur selben Zeit drückt die rechte Hand vibrierend nach dorsal und kranial auf die Leber.
Während der Apnoe bleibt der Druck konstant. Im Verlauf der nachfolgenden Ausatmung wird der Druck der Hände allmählich vermindert. Diese Behandlung wird 4- bis 5-mal wiederholt.

Effekt

Unterstützen des venösen Abflusses aus der Leber.
Stimulierung der arterio-veno-lymphatischen Zirkulation.

Hebung der Leber

Behandlung

im Sitzen

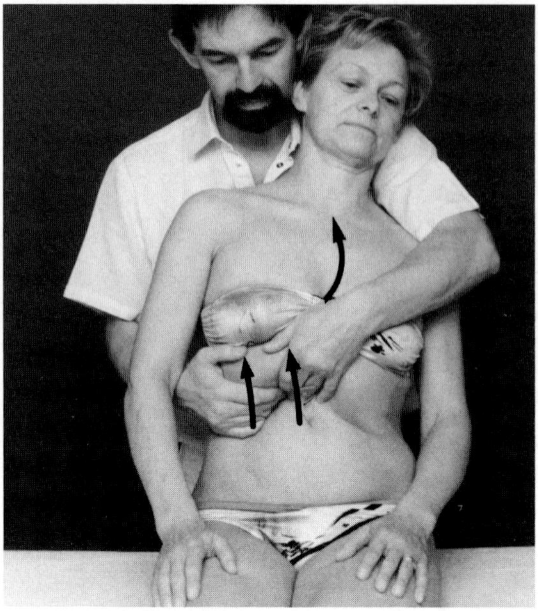

Abb. 105

Indikation

Lebersenkung.
Mobilitäts- und Elastizitätsverlust der Leber.
Alkohol- und/oder chemische Intoxikation.

Ausgangsstellung Patient

Der Patient nimmt eine entspannte Sitzhaltung ein.
Der leicht gebeugte Rücken ist an den Therapeuten gelehnt.
Die Hände ruhen auf den Oberschenkeln.
Die im Bild sichtbare Aufrichtung des Rumpfes erfolgt erst bei der Behandlung.

Ausgangsstellung Patient

Der Therapeut steht hinter dem Patienten.
Er umgreift mit beiden Armen, rechts um den Rippenbogen, links über die Schulter, den Brustkorb des Patienten.
Die Fingerspitzen beider Hände nehmen Kontakt mit dem Unterrand der Leber auf.
Sie dringen während der Ausatmung vorsichtig in die Tiefe.

Ausführung

Während der nächsten Ausatmung wird die Leber in Richtung der rechten Schulter angehoben, wobei man gleichzeitig den Patienten aufrichtet.
Im Verlauf der Einatmung wird diese Stellung beibehalten, bei Ausatmung wird weiter angehoben.
Diese Behandlung wird 4- bis 5-mal wiederholt.
Die Behandlung wird am Ende einer Einatmung abgeschlossen.

Effekt

Verminderung der faszialen Spannungen im Bereich der Leber.

Kompression der Leber

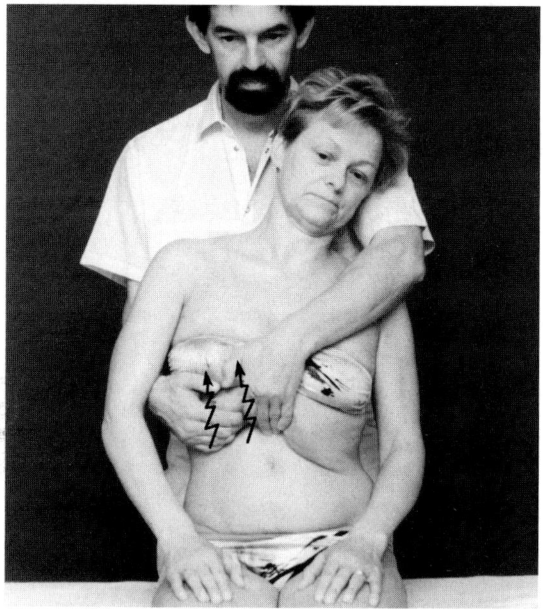

Abb. 106

Behandlung

im Sitzen

Indikation

Leberschwellung.
Einschränkung der Leberfunktionen (z. B. Autoimmunkrankheiten, Verdauungsbeschwerden, metabolische Dysfunktion, Ekzembildung).
Mobilitätseinschränkung der Leber.

Ausgangsstellung Patient

Der Patient nimmt eine entspannte Sitzhaltung ein.
Der leicht gebeugte Rücken ist an den Therapeuten gelehnt.
Die Hände liegen auf den Oberschenkeln.

Ausgangsstellung Therapeut

Der Therapeut steht hinter dem Patienten.
Die Arme umgreifen beidseitig den Brustkorb.
Die Fingerspitzen nehmen Kontakt mit dem Unterrand der Leber auf.
Während der Ausatmung dringen sie vorsichtig in die Tiefe ein.

Ausführung

Während der Einatmung üben beide Hände einen vibrierenden Druck auf die Leber aus.
Bei der Apnoe bleibt dieser Druck konstant.
Während der Ausatmung wird der Druck langsam vermindert.
Der Patient behält im Gegensatz zur Hebebehandlung (**Abb. 105**) die gebeugte Haltung des Rumpfes bei.
Die Behandlung wird 4- bis 5-mal wiederholt.

Effekt

Unterstützung des venösen Abflusses aus der Leber.
Stimulation der arterio-veno-lymphatischen Zirkulation.

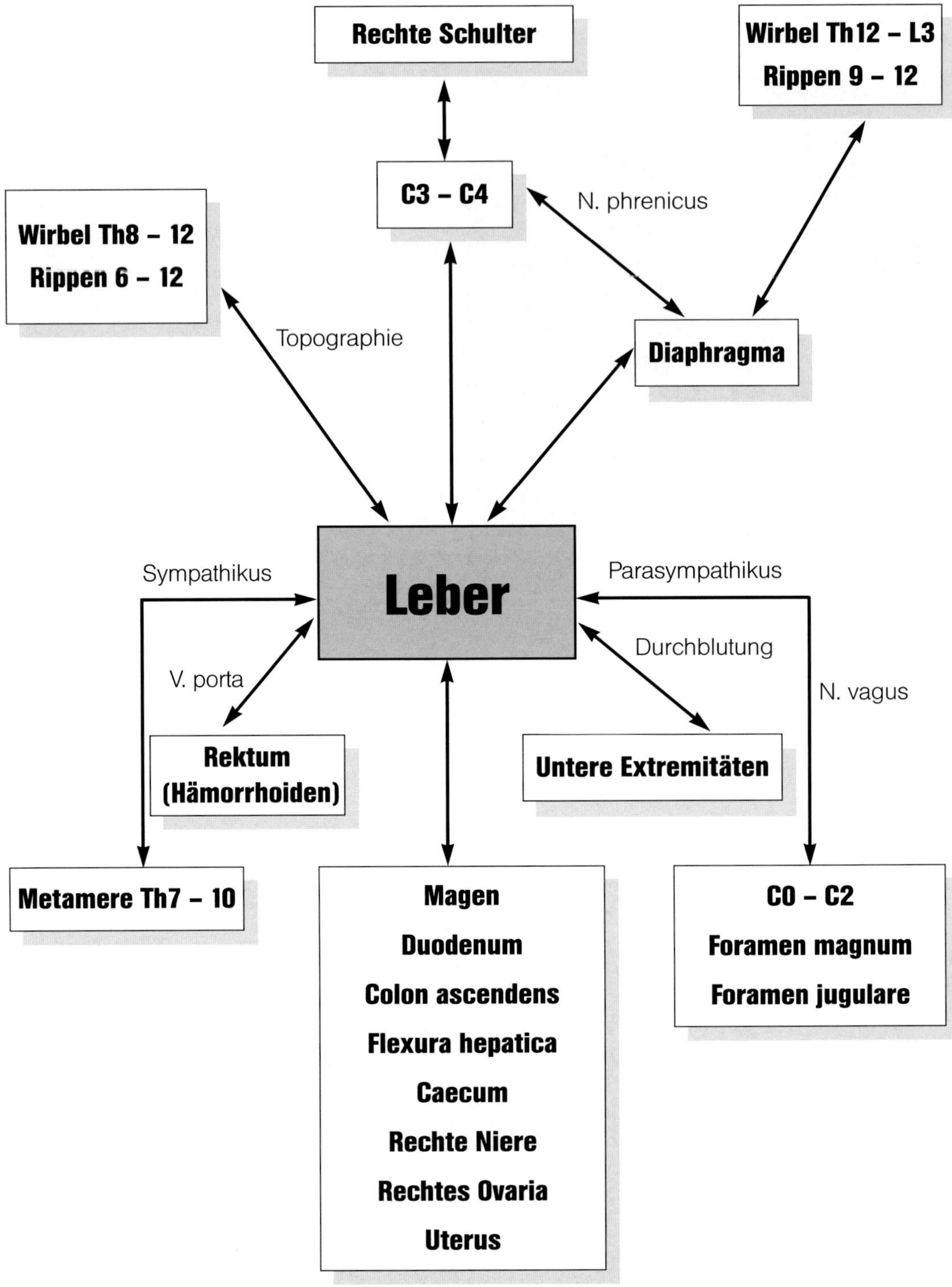
Rechte Schulter
Wirbel Th12 – L3
Rippen 9 – 12
C3 – C4
N. phrenicus
Wirbel Th8 – 12
Rippen 6 – 12
Topographie
Diaphragma
Leber
Sympathikus
Parasympathikus
V. porta
Durchblutung
N. vagus
Rektum
(Hämorrhoiden)
Untere Extremitäten
Metamere Th7 – 10
Magen
Duodenum
Colon ascendens
Flexura hepatica
Caecum
Rechte Niere
Rechtes Ovaria
Uterus
C0 – C2
Foramen magnum
Foramen jugulare

VI Magen

Anamnese

Organbeschwerden

- Abnorme Hungergefühle
- Völlegefühl im Magen
- Schmerzen im Epigastrium
- Aerophagie (Luftschlucken)
- Brennende Schmerzen in der Magengegend, vor allem nach dem Essen
- Saures Aufstoßen
- Übelkeit
- Erbrechen
- Druckgefühl beim Tragen enger Kleidung oder Gürtel
- Verdauungsstörungen
- Chronische Gastritis
- Atemnot
- Herzklopfen
- Anämie
- Atypische Halsschmerzen
- Kopfschmerzen

Beschwerden am Bewegungsapparat

- Zervikalmyalgien
- Retrosternale Schmerzen
- Linksseitige Schulter- oder Armschmerzen

Gürteltest (s. S. 74, 105)

Diagnostische Palpation des Magens

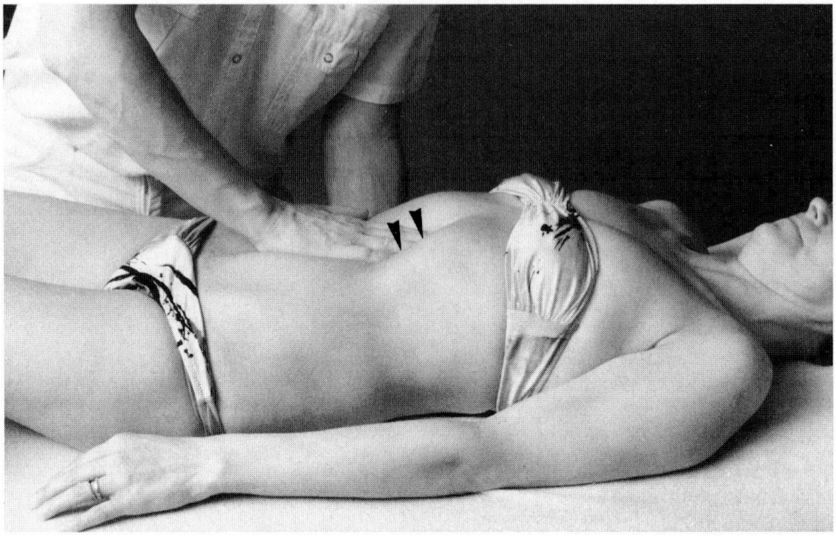

Abb. 107

Ausgangsstellung Patient

Der Patient befindet sich in entspannter Rückenlage. Die Beine sind zur Entspannung der Bauchdecke leicht gebeugt. Die Arme liegen parallel zum Körper.

Ausgangsstellung Therapeut

Der Therapeut steht an der rechten Seite des Patienten in Höhe der Hüftgelenke mit Blick zum Kopfende der Behandlungsbank. Die palpierende Hand kommt von kaudal. Sie ruht flach auf dem Oberbauch, die Fingerspitzen liegen im Epigastrium.

Ausführung

Der Therapeut palpiert vorsichtig mit wenig Druck die verschiedenen Zonen des Magens.

Aussage

Schmerzhaftigkeit und Verspannungen.

Mobilitätstest des Magens

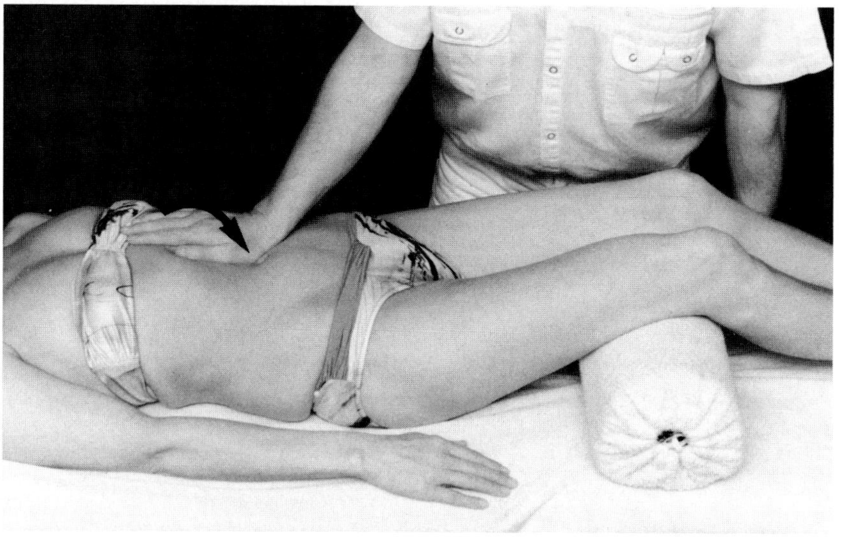

Abb. 108

Ausgangsstellung Patient

Der Patient befindet sich in entspannter Rückenlage.
Die Beine sind durch eine Knierolle leicht gebeugt; dadurch wird die Bauchdecke entspannt.
Die Arme liegen parallel zum Körper.

Ausgangsstellung Therapeut

Der Therapeut steht an der Seite des Patienten in Höhe der Oberschenkel mit Blick zum Kopfende.
Die rechte Hand liegt mit den Fingerspitzen (als Fixpunkt) auf dem Rippenbogen.
Handgelenk und Daumenballen befinden sich über Korpus und Antrum des Magens.

Ausführung

Der Therapeut palpiert die Bewegung des Magens während der Atembewegungen mit der Handfläche.

Aussage

Normales Bewegungsverhalten: Während der Einatmung geht der Magen nach kaudal, medial und innen.
Veränderungen der Bewegung in Bezug auf Richtung und Bewegungsrhythmus werden registriert.

Untersuchung

ergänzend

Perkussion des Magens

Sie gibt Aufschluss über Luftansammlungen im Magen und über die Lage des Magens zu den Nachbarorganen.

Traubescher Raum (Spatium semilunare) = Luftblase des Magens in Höhe des 6. Interkostalraums links.

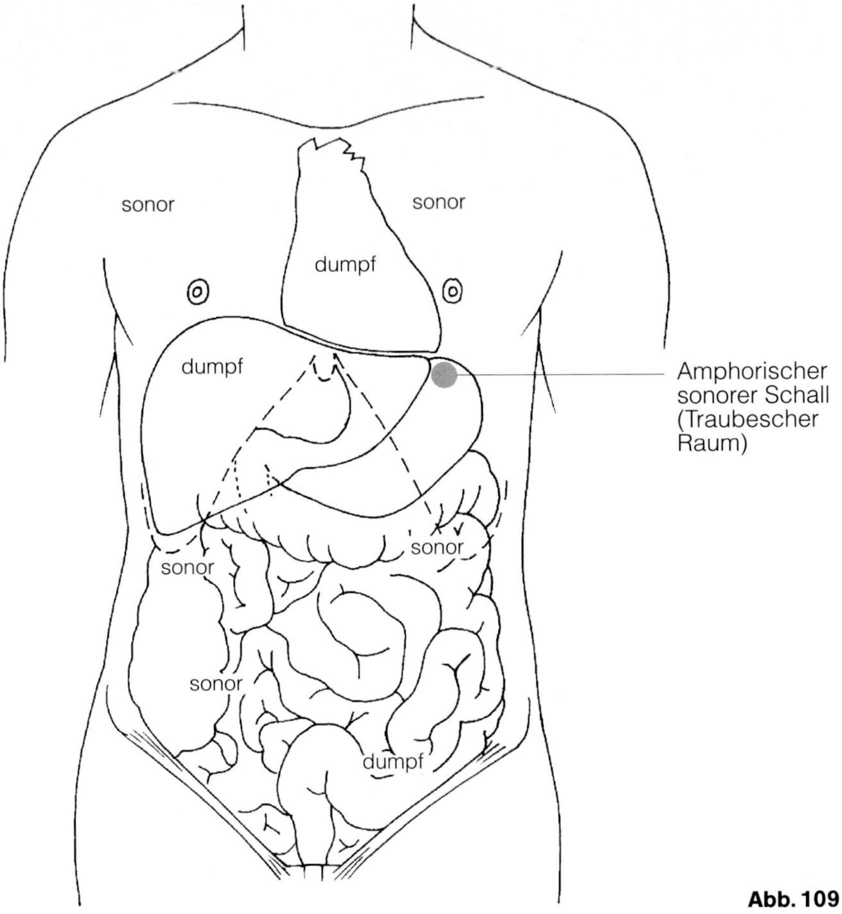

Abb. 109

Bindegewebszonen

Dermatome	C3 - 4 Th5 - 9	
Maximalzone	Th8 - 9	Auf der Mittellinie zwischen Proc. xiphoideus und Nabel und am linken Rippenbogen

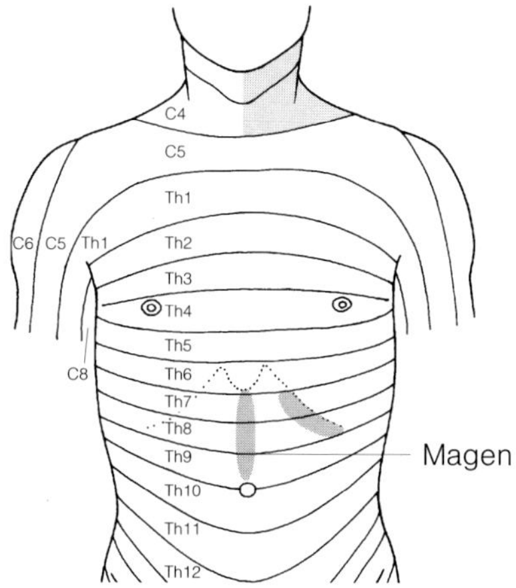

Abb. 110a ventral

Dermatome	Th5 - 9	
Maximalzone	links Dermatome Th7 - 8	Linker Trapeziusbereich über der Spina scapulae Angulus inferior scapulae

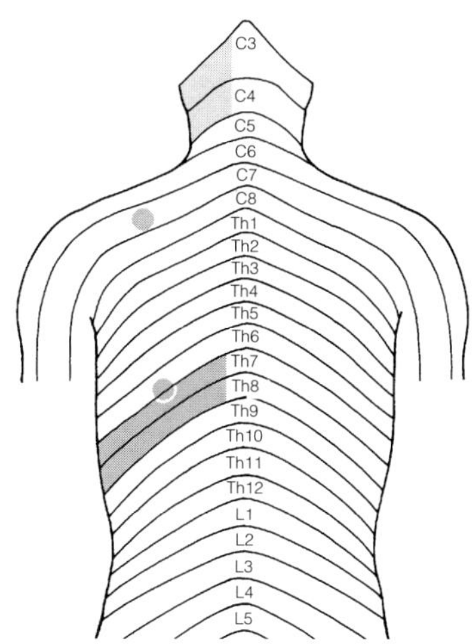

Abb. 110b dorsal

Untersuchung

ergänzend

Muskulatur und Triggerpunkte

Verspannungen

Verspannungen können in folgenden Muskeln auftreten:
- Zwerchfell
- M. rectus abdominis links
- Paravertebrale Muskulatur (Th6 - Th9)
- M. trapezius
- M. subclavius

Triggerpunkte

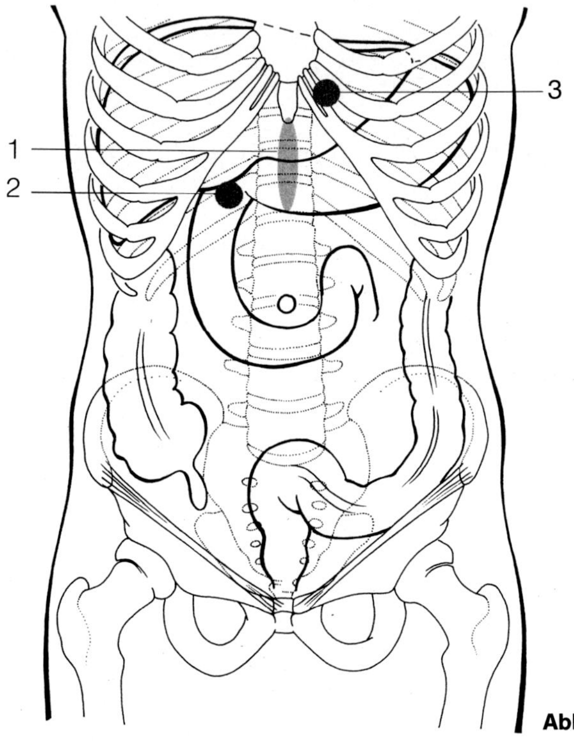

Abb. 111

1 Plexus solaris	Obere Hälfte der Mittellinie zwischen Nabel und Proc. xiphoideus
2 Pylorus	2 bis 3 cm rechts von der Mittellinie, eine Handbreite unter dem Proc. xiphoideus
3 Cardia	2 cm links von der Mittellinie, auf Höhe der Proc. xiphoideus

Untersuchung auf Wechselwirkungen mit anderen Funktionskreisen und Strukturen

Bewegungsapparat

Zervikothorakaler Übergang (direkte Verbindung über den Ösophagus)

Nervensystem

Sympathikus	Th5 - 6 - 7 - 8 - 9	N. splanchnicus major
Parasympathikus	Co - 1 - 2	N. vagus

Topographische Beziehungen

Skeletal	Zugehörige Wirbelsegmente sind Th11 - L3 linker Rippenbogen
Muskulär	Zwerchfell
Viszeral	Ösophagus Leber Milz Zwölffingerdarm Kolon linke Niere Pankreas

Röntgen, Labor, Gastroskopie

Zur Diagnostik organischer Magenerkrankungen und zum Ausschluss von Kontraindikationen.

Entspannung der Magenregion

Behandlung

in Rückenlage

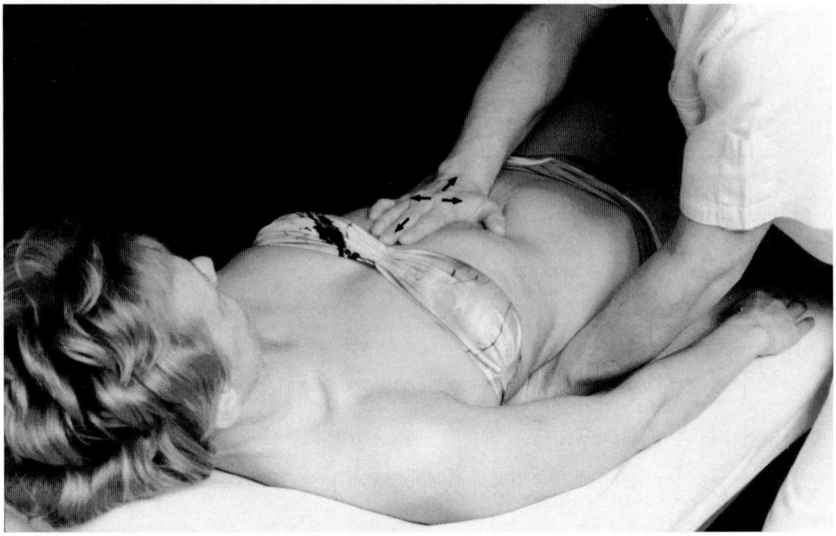

Abb. 112

Indikation

Spannungen und Schmerzen im Epigastrium.

Ausgangsstellung Patient

Der Patient nimmt eine entspannte Rückenlage ein, die Arme ruhen neben dem Körper.
Die Beine sind zur Entspannung der Bauchdecke leicht gebeugt.
Ein Kissen liegt unter dem Kopf.

Ausgangsstellung Therapeut

Der Therapeut steht an der rechten Seite des Patienten in Höhe der Hüftgelenke mit Blick zum Kopfende.
Die linke Hand liegt unter dem Thorax, auf der Höhe des Magens.
Die rechte Hand kommt von distal. Sie liegt flach auf dem epigastrischen Raum, die Finger zeigen zum Proc. xiphoideus.

Ausführung

Die Hände komprimieren von dorsal und ventral den Magen.
Dann führt die ventrale Hand Gleitbewegungen in Richtung der faszialen Bewegungsbehinderung durch, und zwar:
Kranio-kaudal-Bewegungen, Rotationen, laterale Kippungen und Verschiebungen, synchron mit den Magenbewegungen bei Einatmung und Ausatmung.

Effekt

Entspannung und Schmerzlinderung im Epigastrium.

Heben des Magens

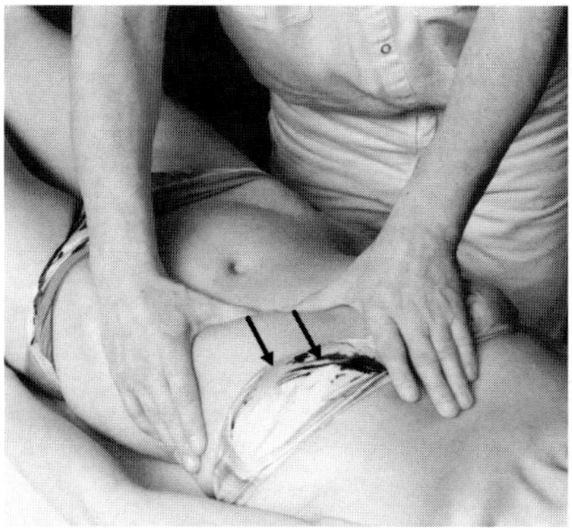

Abb. 113a

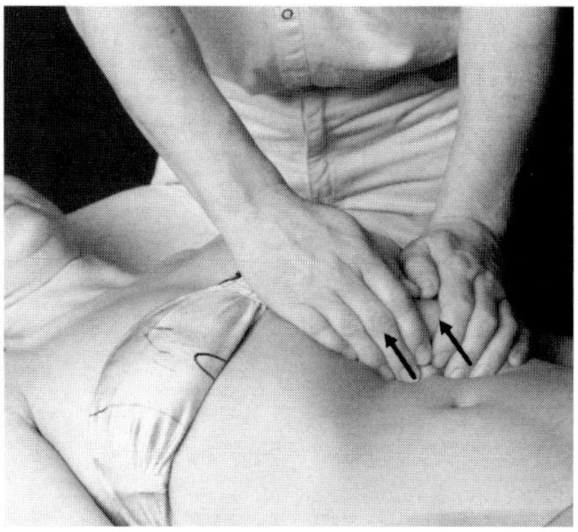

Abb. 113b

Ausgangsstellung Patient

Verklebungen im Bereich des linken Rippenbogens.
Magensenkung.
Atembeschwerden.

Ausgangsstellung Therapeut

Der Patient liegt in negativer Schräglage (s. S. 14).
Die Beine sind zur Entspannung der Bauchdecke leicht gebeugt.
Ein Kissen liegt unter dem Kopf.

a) Der Therapeut steht an der rechten Seite des Patienten in Höhe der Hüftgelenke.
Beide Daumen liegen unter dem linken Rippenbogen, auf dem obersten Teil (Fundus) des Magens. Die Hände liegen lateral bzw. ventral auf den unteren Rippen.

oder

b) Der Therapeut steht an der linken Schulter des Patienten mit Blick zum Fußende.
Die Fingerspitzen liegen wieder unter dem Rippenbogen auf dem obersten Teil des Magens.

Ausführung

Während der Ausatmung wird der Magen mit den Daumen (a) oder den Fingerspitzen (b) in postero-kraniale Richtung zur linken Schulter hin gehoben.

Effekt

Entspannung im Oberbauch.
Wiederherstellung der faszialen Elastizität.
Lösen von Verklebungen.

Behandlung einer Hiatushernie

Behandlung

in Rückenlage

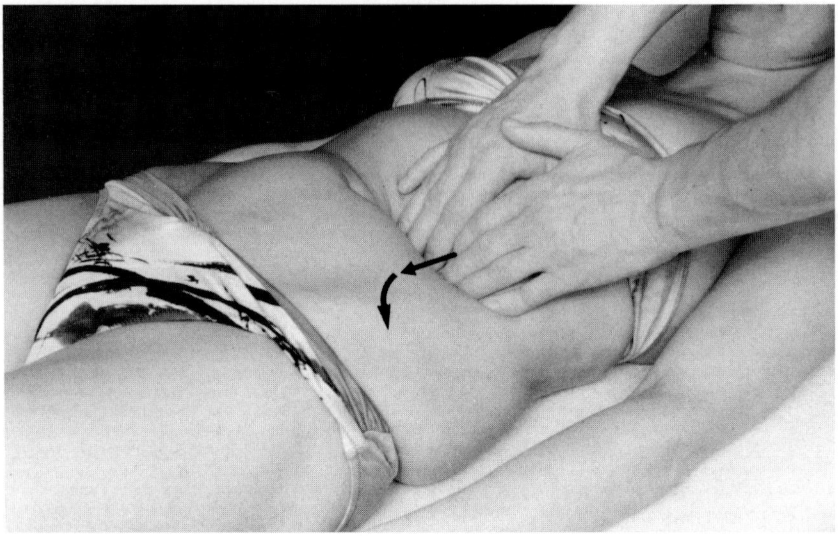

Abb. 114

Indikation

Hiatushernien infolge thorakaler oder abdomineller Traktionseinwirkungen auf Magen und Zwerchfell.
Magenreflux.

Ausgangsstellung Patient

Der Rumpf ist etwas angehoben (vorgeneigt).
Die Beine sind leicht gebeugt.
Ein Kissen liegt unter dem Kopf.

Ausgangsstellung Therapeut

Der Therapeut steht an der linken Seite neben der Schulter des Patienten.
Beide Hände kommen von kranial. Die Handteller liegen nebeneinander auf dem Rippenbogen.
Die Finger liegen links vom Epigastrium auf der Bauchdecke.

Ausführung

Die Finger führen eine Hautverschiebung nach kranial und rechts lateral aus.
Dann dringen sie tiefer in den Bauchraum ein und nehmen Kontakt mit dem oberen Teil der kleinen Kurvatur auf, die zuerst nach kaudal und dann durch eine Rotationsbewegung zum linken Hypogastrium bewegt wird.
Die Behandlung wird während der Ausatmung durchgeführt.

Effekt

Wiederherstellung der normalen Magenperistaltik.
Reponierung einer Hiatushernie.

Entspannungstechnik für den Magen

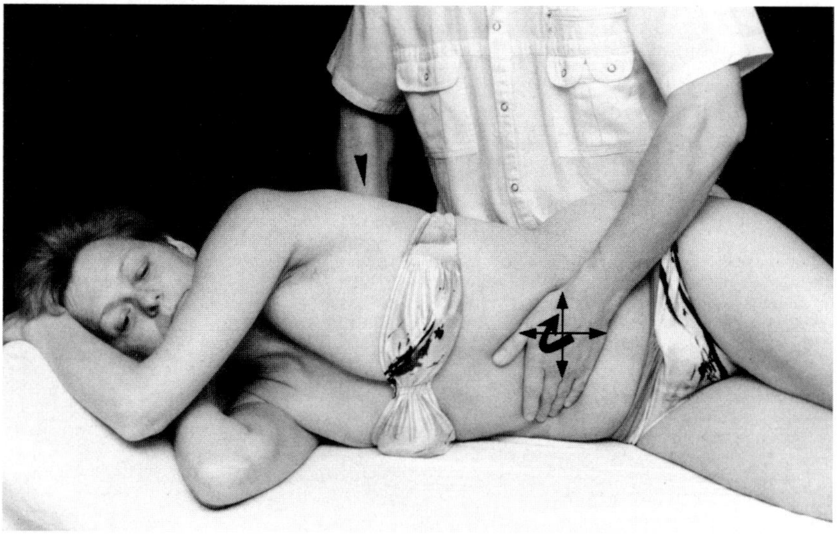

Abb. 115

Behandlung

in Seitenlage

Indikation

Peristaltik- und Passagestörungen des Magens.
Verspannungen im Innervationsbereich des Plexus solaris.
Schmerzen im Epigastrium.

Ausgangsstellung Patient

Der Patient befindet sich in stabiler Seitenlage.

Ausgangsstellung Therapeut

Der Therapeut steht hinter dem Patienten.
Die linke Hand liegt auf dem epigastrischen Raum.
Daumen und Zeigefinger der rechten Hand fassen den Processus spinosus von Th7.

Ausführung

Die flach aufliegende linke Hand wirkt durch sanften Druck und Bewegungen in verschiedene Richtungen auf den Magen ein: nach kranio-kaudal, rotierend, durch laterales Kippen und laterales Gleiten, durch Einatmung - Ausatmung.
Die rechte Hand gibt dabei einen konstanten, harten Druck auf den Dornfortsatz von Th7, um segmental eine Entspannung des Pylorus zu erreichen.

Effekt

Entspannung im Innervationsgebiet des Plexus solaris, am Pylorus und der Kardia.
Stimulierung der Peristaltik.
Schmerzlinderung im epigastrischen Raum.

Heben des Magens

Behandlung

in Seitenlage

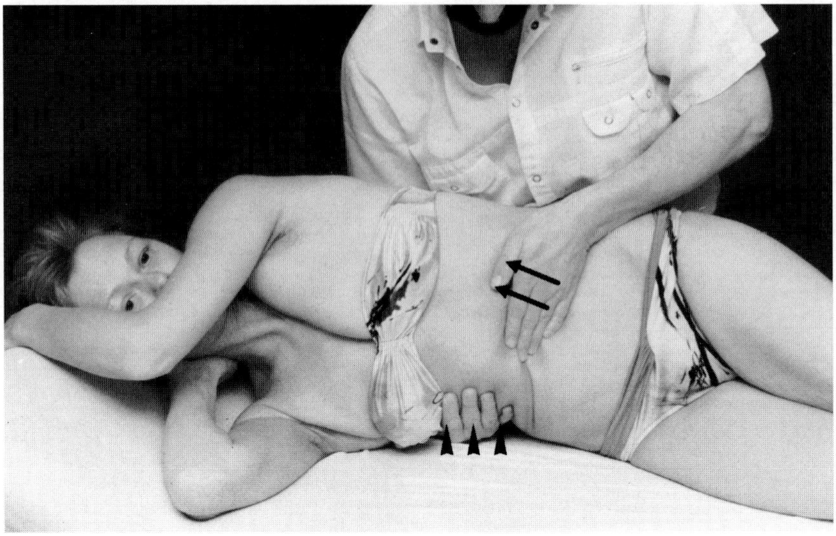

Abb. 116

Indikation

Magensenkung durch abdominelle Einflüsse, z. B. allgemeine abdominelle Ptose.

Ausgangsstellung Patient

Der Patient befindet sich in stabiler Rechtsseitenlage.

Ausgangsstellung Therapeut

Der Therapeut steht hinter dem Patienten.
Die von oben kommende linke Hand liegt flach auf dem epigastrischen Raum und nimmt Kontakt zum Magen auf.
Die rechte von unten kommende Hand liegt unter der rechten Flanke des Patienten.

Ausführung

Die rechte Hand hebt die Flanke und das „viszerale Paket" nach oben und etwas nach links (zur linken Schulter).
Während der Ausatmung drückt dann die linke Hand den Magen von vorne nach kranial und links-lateral unter den Rippenbogen, ebenfalls in Richtung zur linken Schulter.

Effekt

Normalisierung der Magenmobilität (keine Positionsveränderung).
Verbesserung der Magenpassage.
Beeinflussung des gastro-zöko-rektalen Reflexes.

Behandlung einer Hiatushernie

Behandlung

in Seitenlage

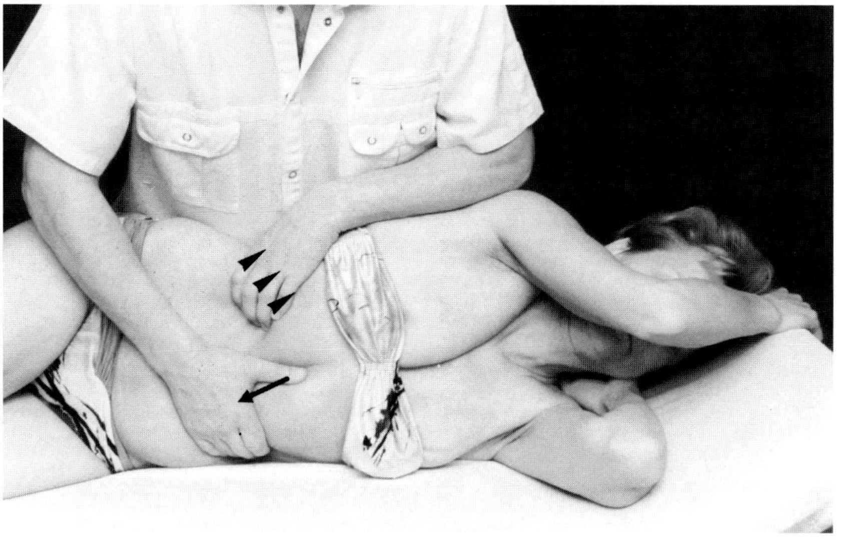

Abb. 117

Indikation

Hiatushernie infolge thorakaler oder abdomineller Traktionseinwirkungen auf Magen und Zwerchfell.
Magenreflux.

Ausgangsstellung Patient

Der Patient befindet sich in einer stabilen Linksseitenlage.

Ausgangsstellung Therapeut

Der Therapeut steht hinter dem Patienten.
Seine linke Hand liegt auf der rechten Thoraxseite des Patienten.
Die Finger haken sich unter dem Rippenbogen ein.
Die rechte Hand liegt quer auf dem Bauch, etwas links von der Mittellinie.
Der Daumen liegt senkrecht zum Epigastrium auf der Kardia.

Ausführung

Während der Einatmung führt die rechte Hand eine Hautverschiebung nach kranial durch.
Während der Ausatmung nimmt der Daumen der rechten Hand tiefen festen Kontakt an der Bauchdecke auf und zieht diese in Richtung zum linken vorderen Darmbeinstachel.
Die linke Hand hält den Thorax in Inspirationsstellung.

Effekt

Wiederherstellung der physiologischen Magenmobilität.
Reponierung einer Hiatushernie.

Entspannung im Innervationsgebiet des Plexus solaris

Behandlung

in Seitenlage

Abb. 118

Indikation

Verspannungen im epigastrischen Raum.
„Stress".
Magenkrämpfe.

Ausgangsstellung Patient

Der Patient befindet sich in stabiler Rechtsseitenlage. Die linke Hand liegt unter dem rechten Ellenbogen (der Schultergürtel wird dadurch stabilisiert).

Ausgangsstellung Therapeut

Der Therapeut steht hinter dem Patienten.
Die linke Hand liegt quer auf dem Epigastrium.
Die Finger nehmen - allmählich sich steigernd - Kontakt mit der kleinen Kurvatur des Magens auf.
Die rechte Hand drückt zur Fixation mit dem Daumen auf die Sutura occipito-mastoidea, dorsal vom Processus mastoideus (X. Hirnnerv!).

Ausführung

Die linke Hand bewegt das „viszerale Paket" im Uhrzeigersinn, während der Patient tief ein- und ausatmet, bis sich das Gewebe entspannt.
Die rechte Hand behält dabei konstant die Fixation auf der Sutura occipito-mastoidea, dorsal des Processus mastoideus, bei.

Effekt

Entspannung und Spasmolyse im epigastrischen Raum.

Heben des Magens

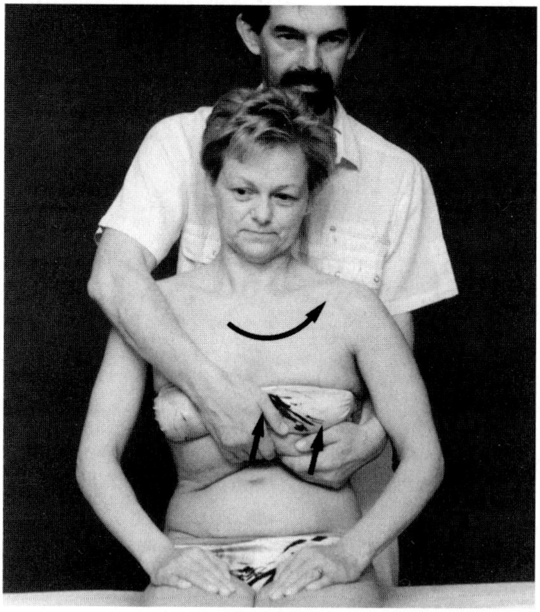

Abb. 119

Behandlung

im Sitzen

Indikation

Magensenkung durch abdominelle Einflüsse, z. B. allgemeine abdominelle Ptose.

Ausgangsstellung Patient

Der Patient nimmt eine entspannte Sitzhaltung ein.
Der Rücken ist leicht kyphosiert.
Die Hände liegen auf den Oberschenkeln.

Ausgangsstellung Therapeut

Der Therapeut steht hinter dem Patienten.
Die Arme umfassen beiderseits den Thorax, mit dem linken Arm unter der Achsel durch, mit dem rechten Arm über die Schulter des Patienten.
Die Fingerspitzen beider Hände nehmen Kontakt zum Unterrand des Magens auf, während der Patient vermehrt in Kyphose gebracht wird, und dringen während der Ausatmungsphase weiter in die Tiefe.

Ausführung

Während der Ausatmung wird der Magen in Richtung zur linken Schulter gehoben.
Am Ende der Ausatmung wird eine Linksrotation und Extension mit dem Thorax ausgeführt.
Während der Einatmung wird diese Position beibehalten.
Die Hebung wird am Ende einer Einatmung abgeschlossen.

Effekt

Normalisierung der Magenmobilität (keine Positionsveränderung).
Verbesserung der Magenpassage.
Einfluss auf den gastro-zöko-rektalen Reflex.

Behandlung der Hiatushernie

Behandlung

im Sitzen

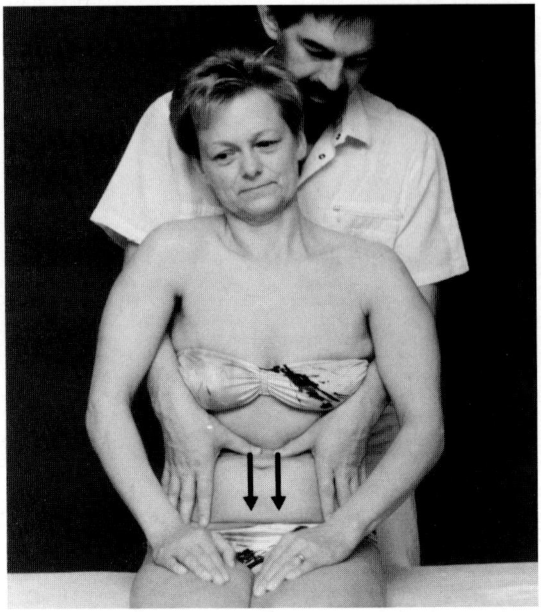

Abb. 120

Indikation

Hiatushernie aufgrund thorakaler oder abdomineller Traktionseinwirkungen auf Magen und Zwerchfell.
Magenreflux.

Ausgangsstellung Patient

Der Patient nimmt eine entspannte Sitzhaltung ein.
Der Rücken ist leicht kyphosiert.
Die Hände liegen auf den Oberschenkeln.

Ausgangsstellung Therapeut

Der Therapeut steht hinter dem Patienten.
Die Arme umfassen unter beiden Achseln den Thorax des Patienten.
Die Fingerspitzen oder die Daumen beider Hände (**Abb. 120**) werden nebeneinander beiderseits parallel zur Mittellinie, unter den Processus xiphoideus platziert.

Ausführung

Der Magen wird nach dorsal gedrückt.
Während der Einatmung wird die Bauchhaut nach kranial geschoben.
Während der Ausatmung wird dann der Rücken gestreckt und mit Fingerspitzen oder Daumen eine Traktion am Magen nach kaudal durchgeführt.

Effekt

Wiederherstellung der physiologischen Magenmobilität.
Reponierung einer Hiatushernie.

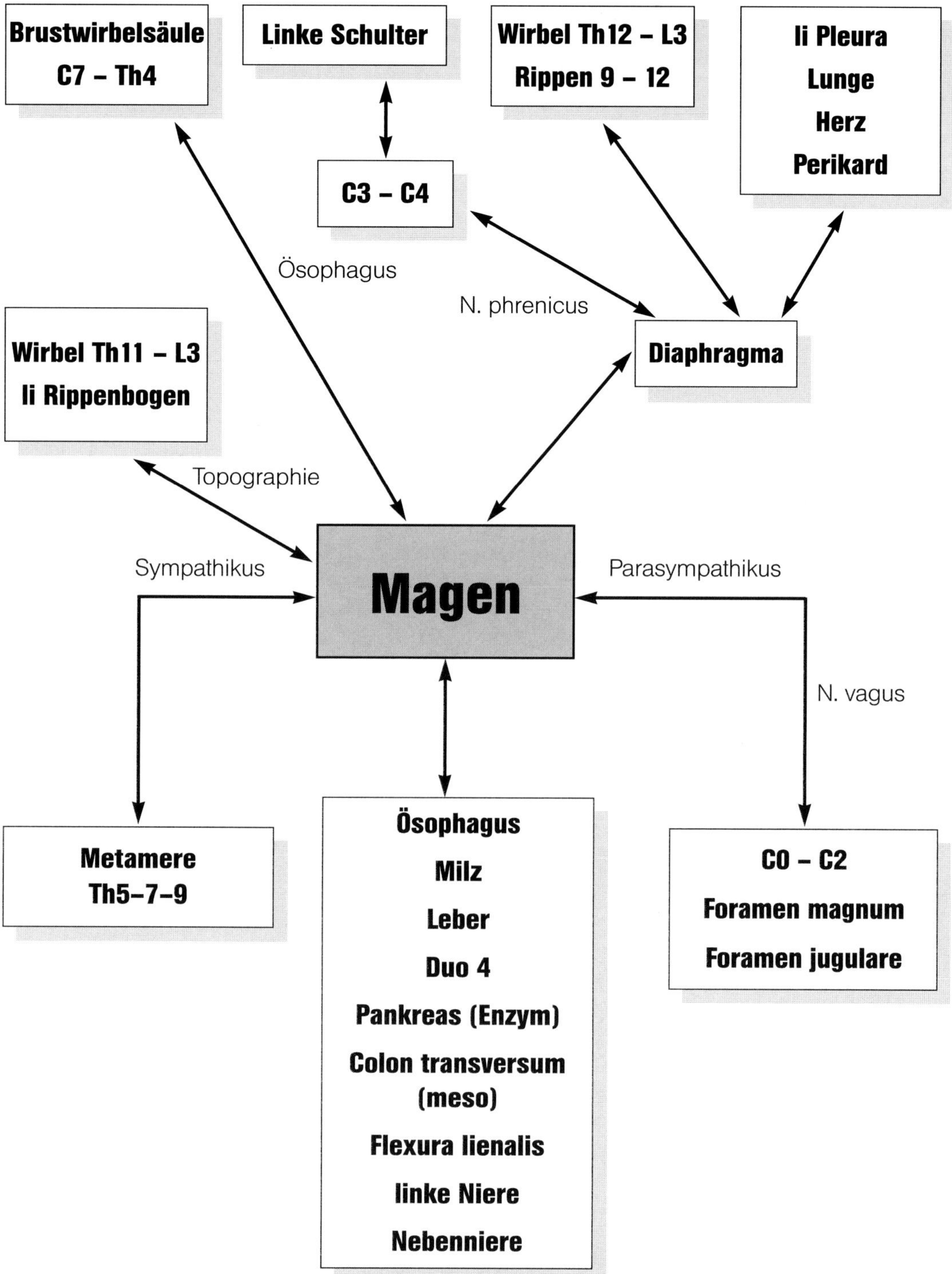
Brustwirbelsäule
C7 – Th4
Linke Schulter
C3 – C4
Wirbel Th12 – L3
Rippen 9 – 12
li Pleura
Lunge
Herz
Perikard
Ösophagus
N. phrenicus
Diaphragma
Wirbel Th11 – L3
li Rippenbogen
Topographie
Sympathikus
Magen
Parasympathikus
N. vagus
Metamere
Th5–7–9
Ösophagus
Milz
Leber
Duo 4
Pankreas (Enzym)
Colon transversum
(meso)
Flexura lienalis
linke Niere
Nebenniere
C0 – C2
Foramen magnum
Foramen jugulare

Untersuchung

Anamnese

VII Weibliche Geschlechtsorgane

Organbeschwerden

Folgen äußerlicher Einwirkungen
- Operative Eingriffe (z. B. Laparoskopien)
- Geburten
- Infektionen der Geschlechtsorgane
- Traumen (z. B. Sturz auf Kreuz- oder Steißbein)

Funktionsstörungen im Urogenitalsystem
- Gynäkologisch:
  Prämenstruelles Syndrom
  Menorrhagie, Dysmenorrhoe, Oligomenorrhoe, Amenorrhoe
  Metrorrhagie
  Leukorrhö, übermäßiger Fluor albus u. a.
- Urologisch:
  Blasenirritation, Inkontinenz, Zystitis
  Störungen beim Wasserlassen
  Linksseitige Nierenschmerzen u. a.

Veränderungen des Gefäßsystems
- Hämorrhoiden
- Varizen
- Zellulitis

Subjektive Beschwerden
- Schmerzen und/oder Schweregefühl im Unterbauch
- Zyklusabhängige Schmerzen
- Dyspareunie
- Schlaflosigkeit

Beschwerden am Bewegungsapparat

- Schmerzen im lumbosakralen Übergang
- Schmerzen an der Innenseite des Kniegelenks
- Kopfschmerzen und Nackenschmerzen
- Leistenschmerz (über Lig. teres uteri, N. genitofemoralis, N. iliohypogastricus, N.ilioinguinalis)
- Schweregefühl in den unteren Extremitäten
- Schmerzen im Brustkorb
- Verminderte physische Kraft
- Bilateraler Schulterschmerz

Diagnostische Palpation

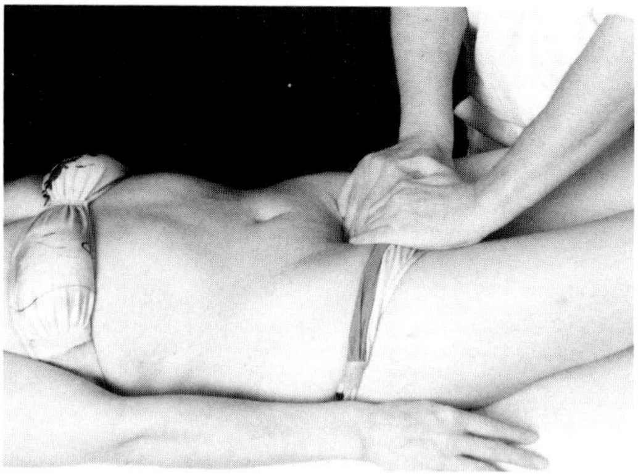

Abb. 121a

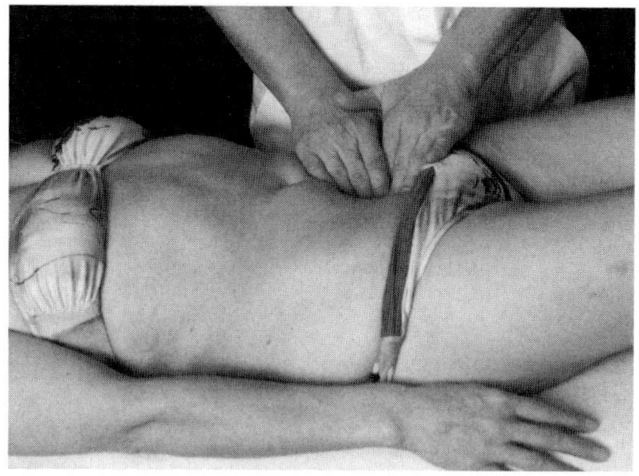

Abb. 121b

Ausgangsstellung Patientin

Die Patientin befindet sich in entspannter Rückenlage. Die Beine sind zur Entspannung der Bauchdecke leicht gebeugt.

Ausgangsstellung Therapeut

a) Der Therapeut steht neben der Patientin in Höhe der Oberschenkel. Die Fingerspitzen einer oder beider Hände palpieren die Region über der Symphyse (Blase, Gebärmutter, Eierstöcke).

b) Der Therapeut steht neben der Patientin in Höhe des Beckens. Die Fingerspitzen einer oder beider Hände palpieren die Region über der Symphyse.

Ausführung

Mehr an der Oberfläche wird die Blase, tiefer die Gebärmutter, und mehr seitlich werden die Eierstöcke getastet.

Aussage

Schmerzprovokation an Blase, Uterus, Tuben und Eierstöcken. Der Befund an den tiefer liegenden gynäkologischen Strukturen bedarf meist zusätzlich noch einer vaginalen Untersuchung.

Untersuchung

Mobilitätstest in Rückenlage

Mobilitätstest an den Unterleibsorganen (Uterus, Adnexe und Harnblase)

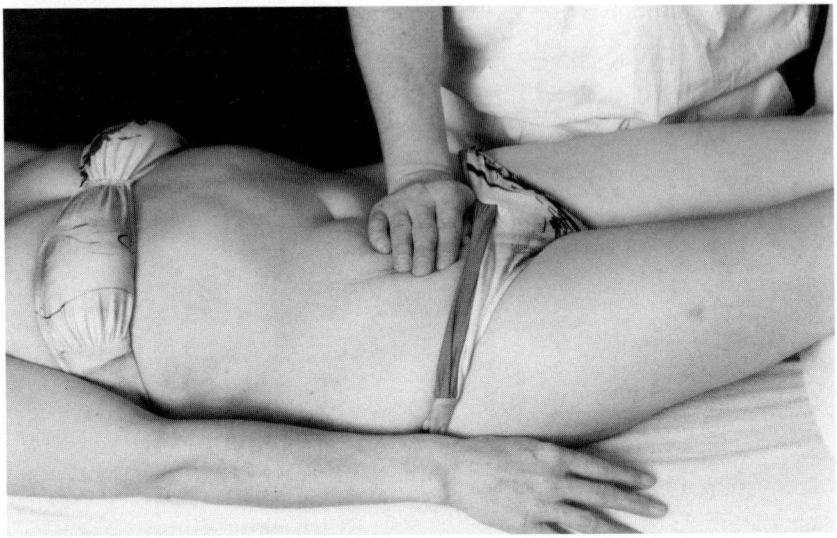

Abb. 122

Ausgangsstellung Patientin

Die Patientin befindet sich in entspannter Rückenlage.
Die Beine sind zur Entspannung der Bauchdecke durch eine Knierolle leicht gebeugt.

Ausgangsstellung Therapeut

Der Therapeut steht an der Seite der Patientin in Höhe des Beckens. Die rechte Hand liegt parallel zu den Schambeinästen über der Symphyse und sucht von beiden Seiten Kontakt mit dem Fundus uteri und den Ovarien.

Ausführung

Der Therapeut versucht, den Uterus in verschiedene Richtungen zu bewegen und registriert die normalerweise schmerzlose Beweglichkeit.

Aussage

Veränderungen der Beweglichkeit in Bezug auf Richtung, Rhythmus, Widerstand, Verspannungen und Verklebungen.

Mobilitätstest (Variation)

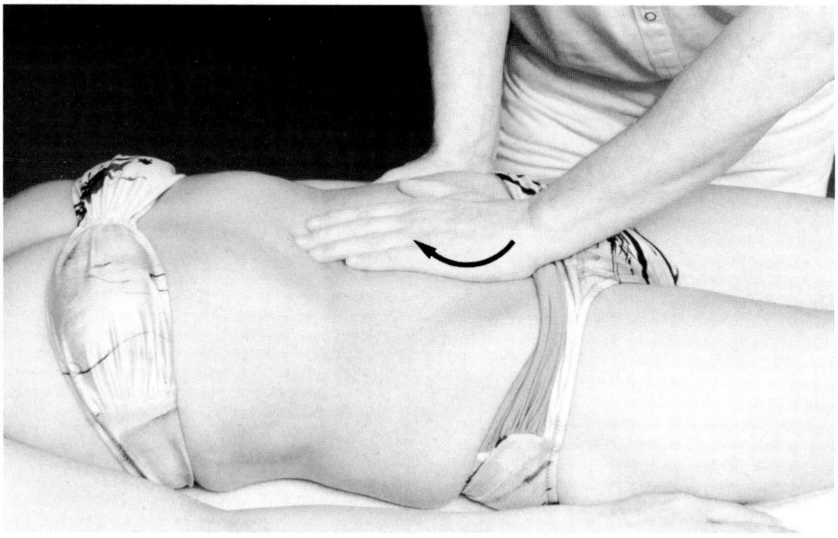

Abb. 123

Ausgangsstellung Patientin

Die Patientin befindet sich in entspannter Rückenlage.
Die Beine sind in Streckstellung, aber zur Entspannung der Bauchdecke etwas gebeugt.

Ausgangsstellung Therapeut

Der Therapeut steht an der Seite der Patientin in Höhe der Hüftgelenke.
Die linke Hand wird oberhalb der Symphyse flach auf die Bauchdecke gelegt.
Die Finger zeigen nach kranial zum Nabel.
Fester Kontakt mit dem Thenar und Hypothenar ist erforderlich.
Die rechte Hand fixiert von lateral das Becken.

Ausführung

Der Therapeut versucht, Bewegungen unter der palpierenden Hand zu differenzieren.
Dazu werden die Fingerspitzen nach ventral bewegt, der Handballen nach dorsal und kranial.

Aussage

Veränderungen der Bewegung, in Bezug auf Richtung, Rhythmus und Widerstand werden registriert.

Untersuchung

ergänzend

Bindegewebszonen

Die Untersuchung der Bindegewebszonen ergänzt die differenzierende Diagnostik zwischen Unterleibsorganen und Harnblase.

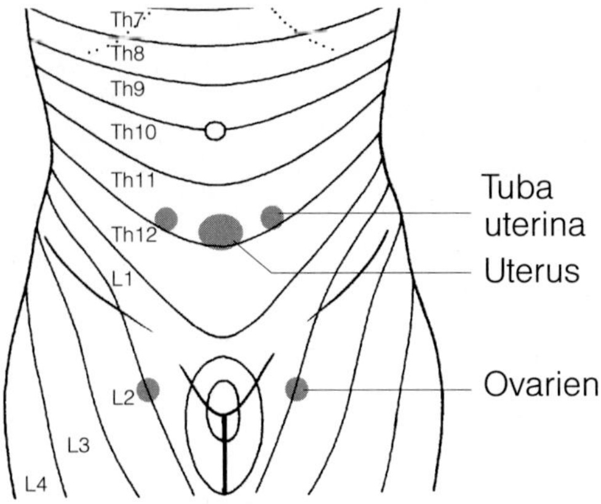

Abb. 124a ventral

Maximalpunkte	Uterus	TH11 in der Mittellinie
	Tuba uterina	Th11, links und rechts der Zone des Uterus
	Ovarien	L1/2, Übergang L1/L2 in Höhe des Winkels des Trigonum femorale Scarpae, das aus M. sartorius, M. adductor longus und dem Leistenband gebildet wird.

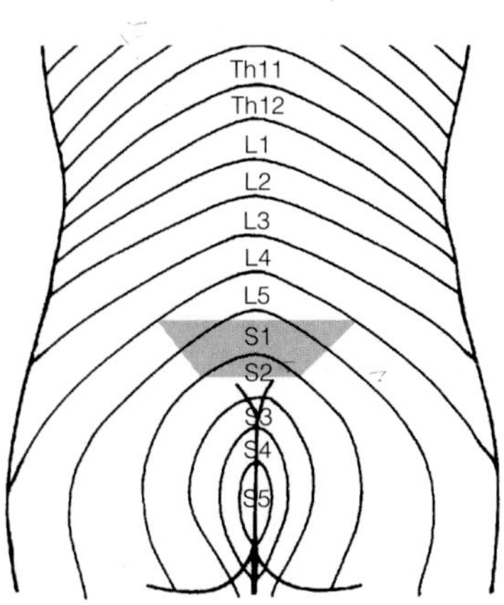

Abb. 124b dorsal

Dermatome	im lumbosakralen Übergang
Maximalpunkt	im Bereich des Kreuzbeins

Muskulatur

Muskuläre Verspannungen finden sich häufig in folgenden Muskeln:
- Zwerchfell
- M. psoas
- Bauchmuskeln
- Beckenbodenmuskeln
- Paravertebrale Muskeln
- M. piriformis
- M. obturatorius internus
- Adduktorengruppe

Untersuchung auf Wechselwirkungen mit anderen Funktionskreisen und Strukturen

Bewegungsapparat

- Lumbosakraler Übergang
- Iliosakralgelenk

Ligamentäre Verbindungen bestehen zwischen Os sacrum und Uterus.

Nervensystem

Sympathikus	Th10 - Th12 L1 - L2 L2 - 3 Os coccygus	N. splanchnicus minor N. splanchnicus lumbalis Ganglien Ganglion impare
Parasympathikus	S2 - 4	Nn. pelvini
N. phrenicus	C3 - 4	Beidseitig, eventuell mit bilateralen Schulterbeschwerden
N. pudendus	S2 - 4	
Co - 1 - 2		Hormonelle Störungen

Topographische Beziehungen

Skeletal	Sakrum Symphyse
Muskulär	Beckenbodenmuskeln
Viszeral	Blase Rektum Sigmoid Zökum

Röntgen/Labor

Um Kontraindikationen/resp. Infektionen auszuschließen.

Mobilisation des Uterus

Behandlung

in Rückenlage

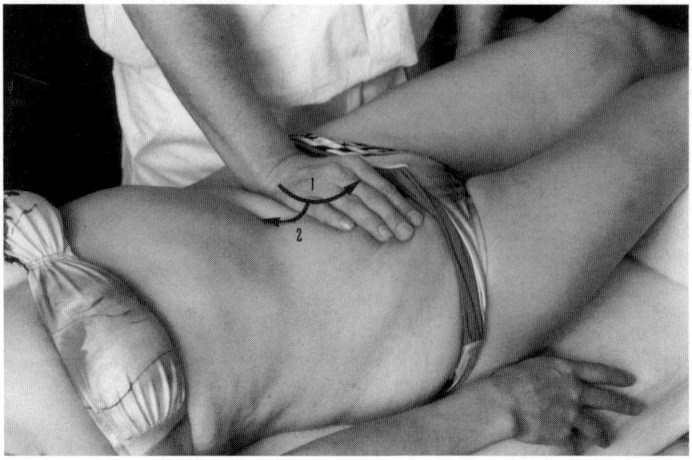

Abb. 125

Indikation

Verklebungen im Bereich des Uterus (z. B. nach Infektionen).
Nach operativen Eingriffen.
Nach Geburten.
Mobilitätsverlust des Uterus.

Ausgangsstellung Patientin

Die Patientin befindet sich in entspannter Rückenlage, beide Beine sind in Hüft- und Kniegelenk gebeugt.

Ausgangsstellung Therapeut

Die rechte Hand liegt auf dem Unterbauch, die Finger genau über der Symphyse, ungefähr drei Finger breit über dem Schamhaaransatz.

Ausführung

Die Hand nimmt Kontakt mit beiden Seiten des Fundus uteri auf.
Der Uterus wird nach beiden Seiten (1) und kranio-kaudal (2) mobilisiert.
Die Behandlung wird ungefähr 10-mal wiederholt.
Der Dehnungseffekt im Bandapparat des Uterus kann dadurch erhöht werden, dass der Therapeut mit den Beinen der Patientin zusätzlich Seitneigebewegungen gegenläufig zur Mobilisationsbewegung ausführt.

Effekt

Stimulation der arterio-veno-lymphatischen Zirkulation der weiblichen Unterleibsorgane.
Wiederherstellung der Uterusmobilität.
Lösen von Verklebungen im Unterbauch.

Allgemeine Entspannungstechnik

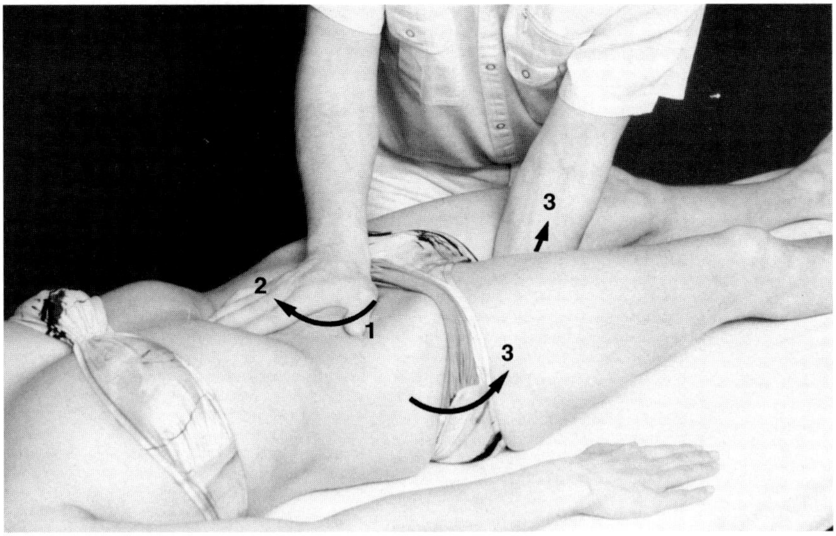

Abb. 126

Indikation

Verspannung und Schmerzen im Unterbauch.
Erhöhter intraabdomineller Druck.
Prämenstruelles Syndrom.

Ausgangsstellung Patientin

Die Patientin befindet sich in Rückenlage.

Ausgangsstellung Therapeut

Der Therapeut steht neben der Patientin in Höhe der Oberschenkel. Er legt die kraniale Hand gestreckt über der Symphyse auf die Bauchdecke (guter Kontakt mit dem Thenar und Hypothenar ist erforderlich).
Die Finger zeigen zum Nabel.
Die kaudale Hand wird unter das Sakrum gelegt.

Ausführung

Der Handballen der kranialen Hand des Therapeuten wird nach dorsal bewegt, als ob man unter die Symphyse gehen wollte (1).
Danach wird die Hand nach kranial gekippt (2).
Gleichzeitig bewegt die kaudale Hand das Sakrum in die entgegengesetzte Richtung: nach ventral und kaudal (3).

Variante

Die Patientin nimmt die Seitenlage ein, in der die kaudale Hand mehr Bewegungsfreiheit hat.

Effekt

Regulierung der Durchblutung und Bänderspannung.
Wiederherstellung der Mobilität der Unterbauchorgane.

Entspannung der Adnexe

Behandlung

in Rückenlage

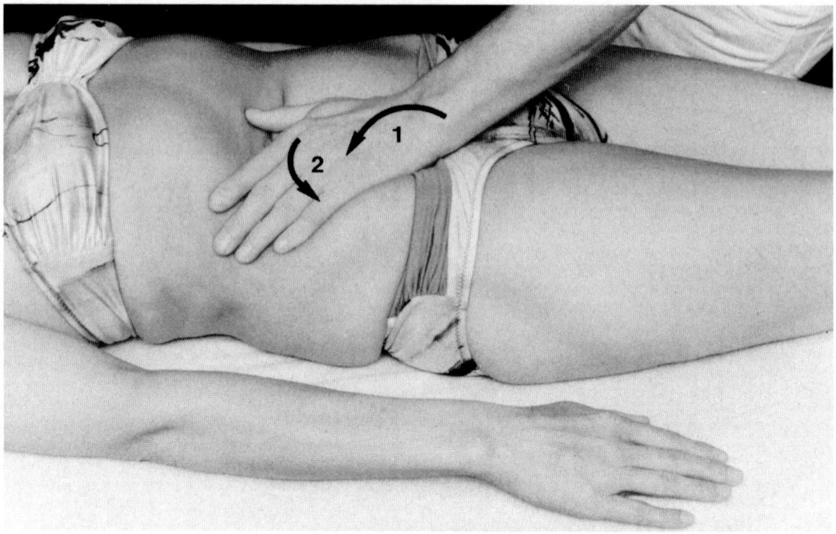

Abb. 127

Indikation

Schmerzen während des Eisprungs.
Prämenstruelles Syndrom.
Mobilitätsverlust der Ovarien.

Ausgangsstellung Patientin

Die Patientin nimmt die entspannte Rückenlage ein.
Die Beine sind zur Entspannung der Bauchdecke leicht gebeugt.

Ausgangsstellung Therapeut

Der Therapeut steht neben der Patientin in Höhe der Oberschenkel.
Die Hand liegt auf einer Linie von der Linea alba zum rechten vorderen Darmbeinstachel.

Ausführung

Die Hand bewegt sich zunächst langsam nach kranial und lateral (1).
Während der Einatmung wird die Hand dann weiter entgegen dem Uhrzeigersinn bewegt (2).

Effekt

Entspannung und Normalisierung der Tubenmobilität.
Stimulierende Wirkung auf das Gefäßsystem.

Mobilisation des Uterus

Behandlung

in Seitenlage

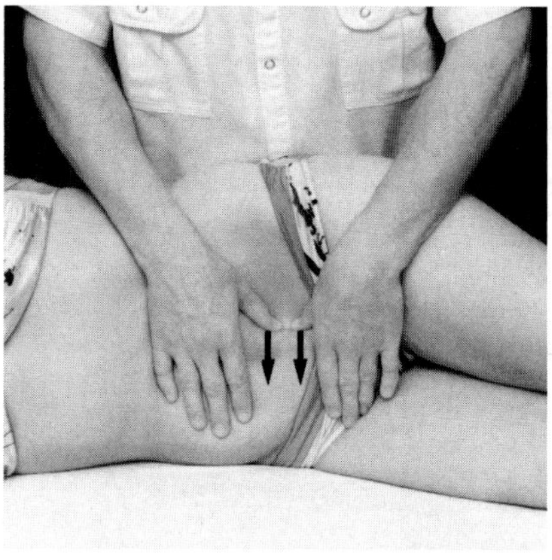

Abb. 128a

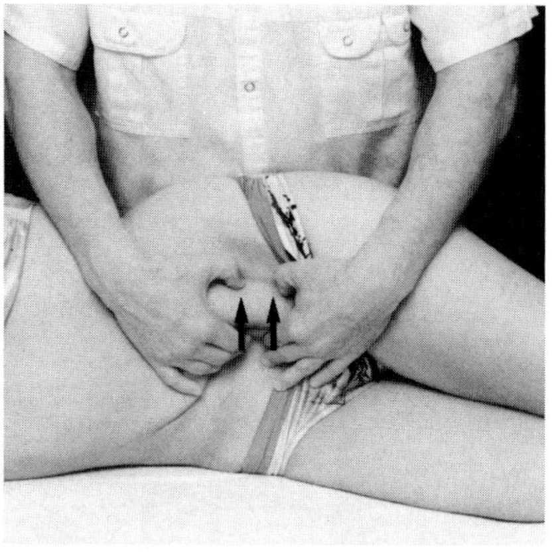

Abb. 128b

Indikation

Verklebungen im Bereich des Uterus (z. B. nach Infektionen).
Nach operativen Eingriffen.
Nach Geburten.
Mobilitätsverlust des Uterus.

Ausgangsstellung Patientin

Die Patientin befindet sich in der stabilen Seitenlage.
Die Beine sind zur Entspannung der Bauchdecke leicht gebeugt.

Ausgangsstellung Therapeut

Der Therapeut steht hinter der Patientin, in Höhe des Beckens.
Beide Daumen werden von oben an die laterale Seite des Corpus uteri gelegt.
Die Finger liegen auf der anderen Seite des Uterus.

Ausführung

Die Daumen drücken den Fundus des Uterus nach unten (zur rechten Körperseite der Patientin) (**a**).
Danach ziehen die Finger den Fundus nach oben (zur linken Körperseite) (**b**).
Diese Behandlung wird 10-mal wiederholt, bis eine fühlbare Entspannung des Gewebes erreicht ist.

Effekt

Durchblutungsförderung der weiblichen Unterleibsorgane.
Lösen von Verklebungen im Unterbauch.
Wiederherstellung der physiologischen Uterusmobilität.

Heben des Uterus

Behandlung

im Sitzen

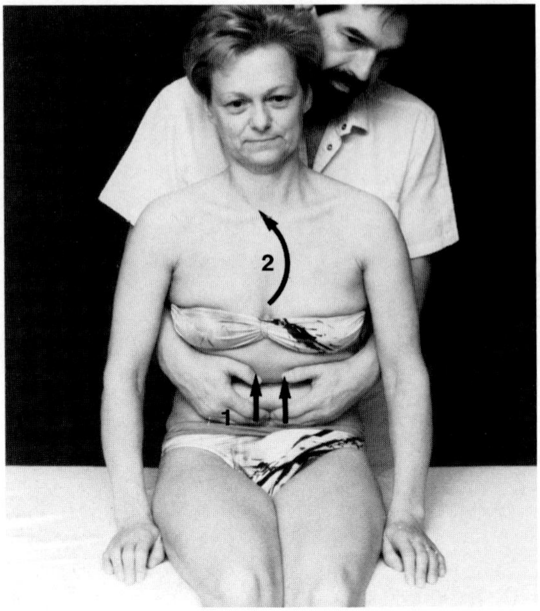

Abb. 129

Indikation

Senkung der Bauchorgane (z. B. Blasenptose).
Inkontinenz.
Harnabflussstörungen.

Ausgangsstellung Patientin

In entspannter Sitzhaltung lehnt sich die Patientin an den Therapeuten.

Ausgangsstellung Therapeut

Der Therapeut steht hinter der Patientin.
Er umfasst mit beiden Armen die Rippenbögen.
Die Hände liegen auf dem Unterbauch, die Fingerspitzen unmittelbar über der Symphyse.

Ausführung

Die Hände üben auf die Bauchdecke einen Druck nach kranial aus, so dass die Haltebänder des Uterus entspannt und entlastet werden (1). Gleichzeitig wird die Patientin nach dorsal in Extension gebracht, so dass sich der Abstand zwischen Processus xiphoideus und Symphyse vergrößert (2).

Effekt

Diese Behandlung wirkt vor allem regulierend auf die Blutfüllung der Unterleibsorgane (dekongestionierend) und wirkt damit auch einer Fibrosierung (Bindegewebsneubildung im Bereich der Bauch- und Beckenorgane) entgegen, da der Druck im Bereich des (Dünn-) Darms auf ein Minimum reduziert wird.
Wiederherstellung der Uterusmobilität.

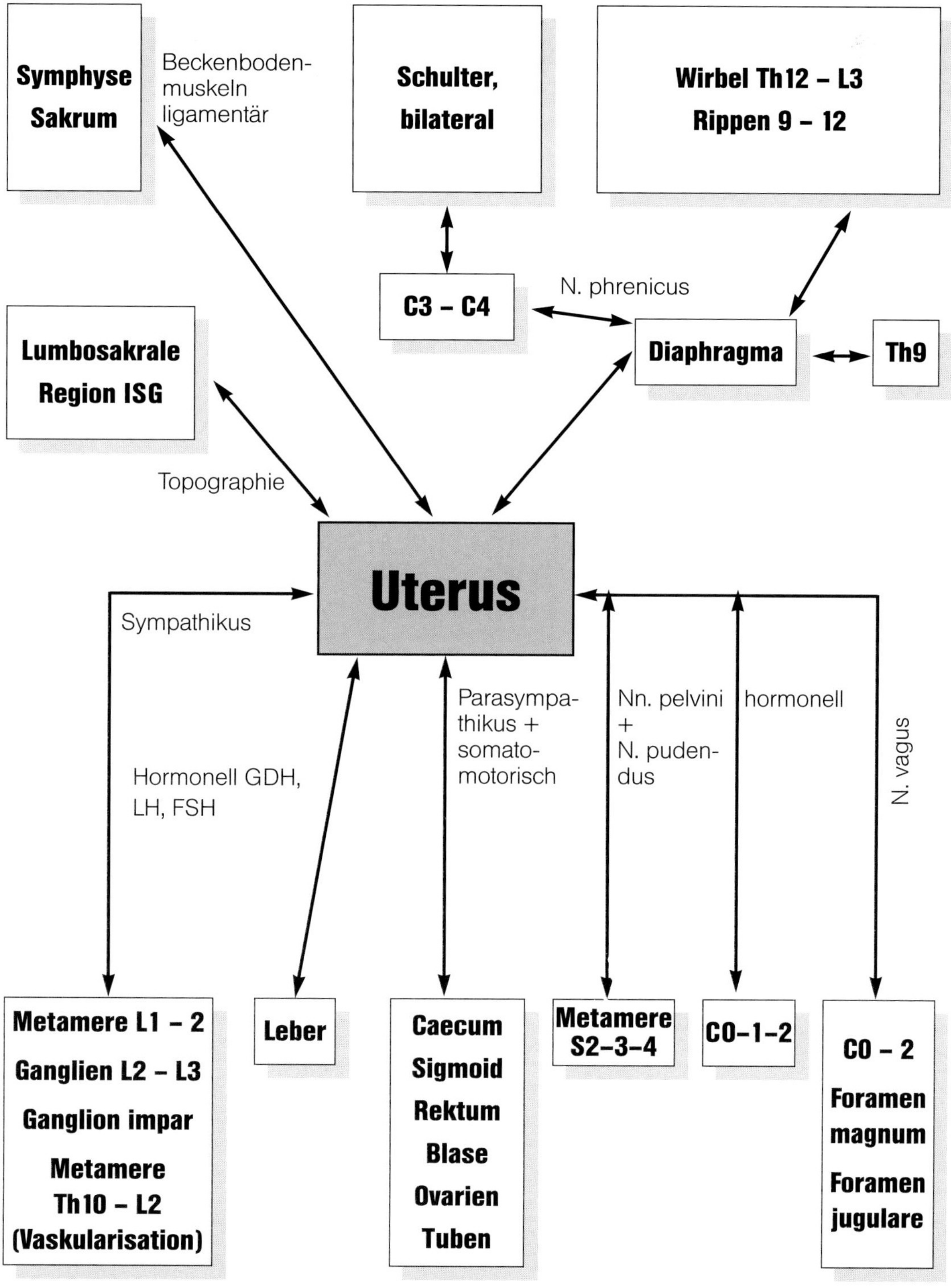
Symphyse
Sakrum
Beckenboden-
muskeln
ligamentär
Schulter,
bilateral
Wirbel Th12 – L3
Rippen 9 – 12
C3 – C4
N. phrenicus
Lumbosakrale
Region ISG
Diaphragma
Th9
Topographie
Uterus
Sympathikus
Hormonell GDH,
LH, FSH
Parasympa-
thikus +
somato-
motorisch
Nn. pelvini
+
N. puden-
dus
hormonell
N. vagus
Metamere L1 – 2
Ganglien L2 – L3
Ganglion impar
Metamere
Th10 – L2
(Vaskularisation)
Leber
Caecum
Sigmoid
Rektum
Blase
Ovarien
Tuben
Metamere
S2-3-4
C0-1-2
C0 – 2
Foramen
magnum
Foramen
jugulare

Literatur

Barral, J.P., Mercier, P.: Visceral Manipulation. Eastland Press, Seattle 1987

Barral, J.P., Mercier, P.: The Thorax. Eastland Press, Seattle 1992

Bates, B.: A Guide to Physical Examination and History Taking. Lippincott, Philadelphia 1987

Bernards, J.A., Bouman, L.N.: Fysiologie van de mens. Bohn, Scheltema, Holkema, Utrecht 1988

Cranenburgh, B. van: Schema's Fysiologie. De Tijdskoom, Lochem 1991

DiGiovanna, E.L., Schiowitz, S.: An Osteopathic Approach to Diagnosis and Treatment. Lippincott, London 1991

Epstein, O., Perkin, G.D., de Bono, D.P., Cookson, S.: Bildlehrbuch der klinischen Untersuchung. Thieme, Stuttgart 1994

Feneis, H.: Geïllustreerd anatomisch zakwoordenboek. Bohn, Scheltema, Holkema, Utrecht 1983

Frisch, H.: Progammierte Untersuchung des Bewegungsapparates, 5. Aufl. Springer, Heidelberg 1991

Gleditsch, J.: Reflexzonen und Somatotopien. 5. A., WBV Schorndorf 1995

Goodman, C.C., Snyder T.E.K.: Differential Diagnosis in Physical Therapy: Musculoskeletal and Systemic Conditions. Saunders, Philadelphia 1990

Gooszen, H. G., Cate Hoedemaker, H. O. ten, Weterman, I. T., Keighley, M. R. B.: Disordered Defaecation. Nijhoff, Dordrecht 1987

Häfelin, H.: Basis der Bindegewebsmassage. Jungmann, Göppingen 1988

Harff, E.G.: Algemene en speciële pathologie. De Tijdstroom, Lochem-Poperinge 1982

Hartmann, S.: Handbook of Osteopathic Technique. Hutchinson, London 1985

Jost, W. H.: Neurologie des Beckenbodens. Chapman & Hall. Weinheim 1997

Kampen, M. van: Urine-inkontinentie. Bekkenbodenreeducatie. Acco, Leuven 1994

Langman, J.: Inleiding tot de embryologie. Bohn, Scheltema, Holkema, Utrecht 1982

Lason, G., Peeters, L.: Handbuch für die Osteopathie. Das Becken. Medex, Gent 1994

Martinez Martinez, P.F.A.: Neuro-Anatomie. Bunge, Utrecht 1980

Marquardt, H.: Praktisches Lehrbuch Reflexzonentherapie am Fuß. 3. A. Hippokrates, Stuttgart 1996

Morre, Persaud: The Developing Human. Clinically Oriented Embryology. 5.A., Saunders, London 1993

Mumenthaler, M.: Neurologie. 9. A. Thieme, Stuttgart 1980

Naegeli, O.: Nervenleiden und Nervenschmerzen. 3. A., Haug, Saulgau 1953

Netter, F. H.: Farbatlanten der Medizin. The Ciba Collection. In 9 Bde. Thieme, Stuttgart 1983 - 1996

Perlemuter, L., Waligora, J.: Cahiers D'Anatomie 1 - 10. Masson, Paris 1980

Pottenger, F. M.: Symptoms of Visceral Disease. 6. A., Mosby, St. Louis 1944

Ricard, F.: Traitement Ostéopathiques des Douleurs D'Origine Lombo-Pelvienne, Tome 1. Atman, St. Michel sur Orge 1988

Ricard F.: Traitement Ostéopathiques des Douleurs D'Origine Lombo-Pelvienne, Tome 2. Atman, St. Michel sur Orge, 1988.

Richard, R.: Lésions Ostéopathiques Vertébrales, Tome 1. Editions Frison-Roche, Paris, 1990

Richard R.: Lésions Ostéopathiques Vertébrales, Tome 2. Maloine, Paris 1980

Schliack, H., Harms, E. (Hrsg.): Bindegewebsmassage nach Dicke. 12. A., Hippokrates, Stuttgart 1996

Silbernagl, S., Despopoulos, A.: Sesam Atlas van de fysiologie. Bosch en Keuning, Baarn 1987

Tilscher, H., Eder, M.: Klinik der Wirbelsäule. Hippokrates, Stuttgart 1993

Travell, J.G., Simons, D.G.: Myofascial Pain and Dysfunction. Williams & Wilkins, Baltimore 1983